構造から見る日本語文法

開拓社
言語・文化選書
6

構造から見る日本語文法

三原健一 著

開拓社

まえがき

　本書は，生成文法を背景にした日本語文法書であるが，この理論や日本語文法の知識がまったくない読者でも読み進められるよう，平易な記述に努めた。樹形図は，本書の基本テーマであるので全編にわたって出てくるが，説明のためにどうしても必要なゼロ代名詞と格吸収以外は，生成文法のみで使われる専門用語をいっさい用いていない。筆者が最も伝えたかったのは，構造から日本語を見ることによって，意味だけを見ていたのでは気付かない「新たな発見」が続々と出てくるということである。

　このような本を書きたいというアイデアは，実は，かなり前から持っていた。他の仕事もあり，手をつけるのはもう少し先かと思っていたが，開拓社の川田賢氏からお誘いを受け，今がその機会かと思い，有難くお受けすることにした。ただ，当初考えていたのは，50年以上の歴史を持つ生成文法の枠組みにおいて発掘されてきた日本語の事実を，3巻ほどの本で総括したいということであった。今回のシリーズの刊行意図もあり，このサイズになったが，いずれもっと大きな本に拡大する機会もあるかと思う。

　本書では，14話にわたって，面白い日本語の言語事実を構造の観点から説明した。日本語文法を研究する分野としては，ほかに，日本語学と呼ばれるものがあるが，日本語学研究の中心と

なっているのは意味であり，本書で示したような構造の観点からの分析がなされることは，比較的まれである。しかし，意味研究と構造研究は両輪のようなもので，いずれが欠けても「本当のこと」は分からない。本書は，構造を基盤とするものの，意味の観点も頁が許す限り含めてある。

ただ，本書で提示する日本語の分析は，主として筆者がこれまでやってきたことを背景としており，必ずしも標準的な分析ではないことに注意していただきたい。むしろ，標準的でない部分のほうが多いと言えるので，本書を読んで日本語あるいは生成文法に興味を持った読者は，ぜひ，他の書物にも目を通していただきたい。

本書の読者層としては，学校で教えられる国文法に満足できない「進んだ」高校生，日本語について知りたいと思っている大学生，そして一般の読者などを想定している。

が，密かに想定したのは，実は，留学生などの日本語教育に従事している日本語教育者である。日本語教育者が生成文法の文献を読むことは，非常にまれであると思うが，筆者は，かねてから，日本語教育者にも構造の観点から見る日本語を知ってほしいと思っている。もちろん，教育現場で樹形図を用いて授業を行うことはないし，するべきでもないと考える。しかし，教員は，10のことを教えるためには100くらいのことを知っている必要がある。日本語教育者の頭の中に構造に関する基礎知識があれば，より明確に，そして自信を持って授業ができるはずだと筆者は思

う。日本語教育者からすれば余計なお世話かもしれないが，筆者の心情を少しでも汲み取ってくれる日本語教育者がもし出てくれば，それは望外の喜びである。

　本書は，もし教科書として使っていただけることがあれば，半年の授業で完結するよう 14 の章立てにした。説明を追加すれば一年の授業にも拡大できるかと思う。また，英語などの例文を加えて，英語学概論や言語学概論などの授業で使用することも可能だろう。筆者としては，本書を材料として，授業などでむしろ「反論」していただくことを望んでいる。同じデータを用いても，その分析方法は一枚岩ではなく，さまざまな考え方があることを受講生に伝えるのも，教員の重要な仕事であると思う。

　本書の内容は，筆者が勤務する大学において，主として 1，2 年生を対象とした授業で話していることに基づいている。初学者は時に，素朴であるが故に本質を突いた質問で，教員をギクリとさせることがある。平静な顔で質問に答えているように見えても，内心では冷や汗をたらしている筆者を，しばしば困らせてくれた受講生諸君に感謝したい。また，草稿の段階ですべての頁を精読し，説明不足の箇所や分かりにくい表現を指摘してくれた，大学院生の福原香織氏にも心から感謝したい。

2008 年 2 月
　　　冬枯れの箕面にて
　　　　　　　　　　　　　　　　　　　　　三原　健一

目　　次

まえがき　*v*

第 1 話　ことばの構造 ………………………………………… *1*
　1　区切るということ　*2*
　2　樹形図　*3*
　3　動詞句の内部構造　*6*

第 2 話　「部長は，多分，本社に応援を依頼するだろう」… *13*
　1　副詞をどこに置くか　*14*
　2　文副詞の位置　*16*
　3　動詞句副詞の位置　*18*
　4　文副詞のタイプ　*19*

第 3 話　「え〜ん，ヒロちゃん，わたし，ぶった」 ………… *23*
　1　格助詞脱落　*24*
　2　格助詞と後置詞　*27*
　3　主要部　*30*
　4　「は」　*33*

第 4 話　「このクラスでは，佐藤君が，いちばん頭がいい」*37*
　1　主語？　*38*
　2　総記の「が」　*39*
　3　「が」の脱落　*43*

第 5 話 「私は局長の行動を不審に思った」 ……………… 49
  1 認識動詞構文 *50*
  2 「を」句の機能 *53*
  3 認識動詞構文の構造 *56*
  4 把握様式 *59*

第 6 話 「みんな自分の老後を気にしている」 ……………… 63
  1 なぜ複数に？ *64*
  2 作用域 *66*

第 7 話 「田中先生はスワヒリ語が話せる」 ……………… 69
  1 目的語の「が」標示 *70*
  2 「が／を」の交替と作用域 *73*
  3 先触れの「が」句 *78*
  4 主格目的語構文の構造 *81*

第 8 話 「警官は男が逃げようとするのを呼び止めた」…… 87
  1 奇妙な関係節？ *88*
  2 関係節ではない *89*
  3 「が」と「を」 *92*
  4 副詞節 *94*

第 9 話 「凧あげ」 ……………………………………… 101
  1 動詞由来複合語 *102*
  2 動詞との距離 *104*
  3 状態変化の自動詞 *107*

第 10 話 「山田さんが，奥さんに逃げられた」 …………… 113
  1 二種類の受動文 *114*

2　主語の移動　*115*
　3　音形をとらない動詞　*119*

第11話　「みんな，そうし始めた」……………………… *123*
　1　二種類の複合動詞　*124*
　2　語彙的と統語的　*127*
　3　述語移動　*130*

第12話　「美穂は直人にチョコレートをあげた」………… *135*
　1　二重目的語構文　*136*
　2　「に」の範疇と基本語順　*138*
　3　与格所有者　*142*

第13話　「そのことを，私は今でもよく覚えている」…… *147*
　1　かき混ぜ文　*148*
　2　かき混ぜ文と談話　*150*
　3　談話の構造？　*154*

第14話　構造から日本語を見る ……………………………… *159*
　1　「自分」　*160*
　2　視点　*163*
　3　事象　*167*

索　引 ………………………………………………………………… *171*

第1話

ことばの構造

1　区切るということ

　私たちが話をするとき，話の途中で頻繁に区切りを入れる人もいるが，立て板に水を流すように一気に話す人もいる。しかし，日本語の話し手であれば，一気に「きのうぼくはえきまえのしょくどうでかつどんをたべてそれからえいがにいったんだ」と言われたときでも，すぐにその意味が分かるだろう。意味が分かるということは，無意識のうちに意味の区切りを立て，「昨日，僕は，駅前の食堂でカツ丼を食べて，それから，映画に行ったんだ」のように理解しているということである。このことをもう少し詳しく考えてみよう。

　この文は，「僕は，駅前の食堂でカツ丼を食べて」という部分と，「それから，映画に行ったんだ」という部分に大きく分かれる。ここで，「僕は」の後に区切りを入れているが，よく考えてみると，「僕は」は「それから，映画に行ったんだ」の部分にも係っているので，区切りを入れたほうが意味のつながりがよく分かる。では，「昨日」はどのような係り方をしているのだろうか。最初の部分だけに係っているとするのは不自然で，両方の部分に係っているとするほうがずっと自然だろう。

　このことは当たり前のように思えるかもしれないが，たとえば，「そう言えば，茶髪の男と女がいました」という文を考えてみると，ちゃんと説明するのは案外難しいことが分かる。この文には，茶髪なのは男だけという意味と，男と女の両方が茶髪だと

いう二とおりの意味がある。かぎ括弧で区切ってみると，［［茶髪の男］と［女］］というまとまりと，［茶髪の［男と女］］というまとまりになる。あえて区切りを入れて読むとすれば，「そう言えば，茶髪の男と，女がいました」と，「そう言えば，茶髪の，男と女がいました」のようになるだろう。二つ目の文では，「男と女」が最初にまとまりを作り，「茶髪の」がそのまとまり全体に係っている。このような係り方の違いを，たとえば日本語を学んでいる留学生にちゃんと教えるには，どのようにすればよいのだろうか。また，「区切る」ということがことばの意味と密接に関わっていることは，どのように理解すればよいのだろうか。

2 樹形図

前の節で挙げた最初の文を少し換えて，「僕は，駅前の食堂でカツ丼を食べた」としてみよう。「，」で区切った左の部分「僕は」は，主部（あるいは主語）と呼ばれるもので，右の部分「駅前の食堂でカツ丼を食べた」は述部と呼ばれるものである。このように，文は大きく主部と述部に分かれるが，主部は名詞（Noun，「N」と略記）からなる部分で，述部は動詞（Verb，「V」と略記）を中心とする部分である。

文の構造は (1) のような樹形図で書くと視覚的にも分かりやすい。ここで，「僕」は名詞（N）であるが，「食いしん坊の僕」のように「句」が主部となることもできるので，「僕」も名詞句

(Noun Phrase，以下「NP」)と表記することにしよう。そのように表記したほうが，文の構造を一般化して「美しく」表すことができる。他方，動詞（V）の「食べた」を中心とする述部は，場所を表す「駅前の食堂で」と目的語の「カツ丼」を伴っており，このまとまりを動詞句（Verb Phrase，以下「VP」）と表記しよう。Sは文（Sentence）である。S/NP/VPなどを結んでいる線が木の枝のように見えるので（もっとも，下がり松のような枝であるが），(1)のような表示を「樹形図」と呼ぶ。「は」が付いたもの，あるいは「太郎が」や「花子を」のように格助詞の「が」や「を」が付いたものをNPとすることについては，第3話で説明することにしたい。

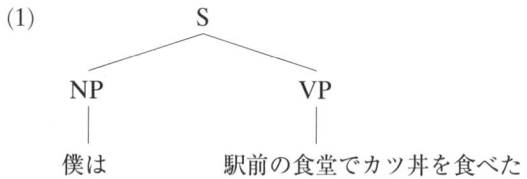

樹形図は，(2)のような，「ラベル付き括弧表示」と呼ばれる形で書かれることもある。最初のうちは読みにくいと思うが，本書でも，紙面の節約のためにときどき用いることにしたい。

(2)　[$_S$ [$_{NP}$ 僕は] [$_{VP}$ 駅前の食堂でカツ丼を食べた]]

では，前の節で挙げた元の文（次の(3)）は，どのような樹形図になるのだろうか。

(3) 昨日，僕は，駅前の食堂でカツ丼を食べて，それから，映画に行ったんだ。

「駅前の食堂でカツ丼を食べて」の部分は，動詞が「食べて」という形になっているが（これを「て」形と呼ぶ），動詞が中心となるまとまりであることには変わりがないのでVPを構成する。「映画に行ったんだ」の部分も同様である。そして，この二つのVPがまとまって大きなVP（上のVP）になっているが，この VP 全体に「僕は」が係ることになる（Advは副詞（Adverb），Conjは接続詞（Conjunction））。

(4)
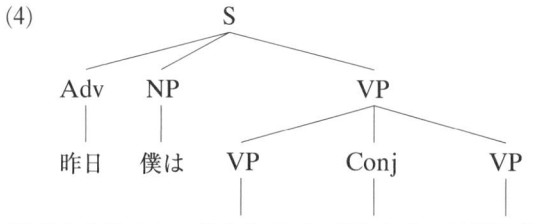

このように樹形図を書いてみると，副詞の「昨日」と主部（主語）の「僕は」が，ともに上から「駅前の食堂でカツ丼を食べて」と「映画に行ったんだ」に係る理由が理解される。また，「区切る」ということが，単にひとまとまりになるものを区切るだけではなく，上から修飾するといった「上下関係」とも合わさって，ことばの意味に関わることも理解されるだろう。

前の節で挙げた「茶髪の男と女」も，同様に樹形図を書くこと

で，修飾関係がよく理解されるようになる。この表現の二つの意味は，それぞれ (5a, b) の樹形図に対応している。(5a) が茶髪なのは男だけという意味で，(5b) が男と女の両方が茶髪だという意味である。簡便化のため枝だけで示すことにしよう。

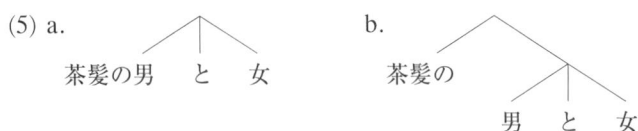

(5b) では，「男と女」が最初にまとまりを作り，「茶髪の」がそのまとまりを上から修飾していることが分かるだろう。

3 動詞句の内部構造

「花子に彼女の答案を返した」という表現を考えてみよう。この表現は，「返した」という動詞に，間接目的語の「花子」と直接目的語の「彼女の答案」が付いて VP をなしている。ここにおいて，間接目的語が直接目的語より上にあることを示す証拠がある。

(6) a. 先生は花子に彼女の答案を返した。
  b. *先生は彼女に花子の答案を返した。

(6a) は，「花子」と「彼女」が同じ人物であると解釈することができるが，(6b) ではこの解釈は無理である。(6b) は，「花子」と「彼女」が同一人物を指すという意味では非文法的で，このよ

うな文（「非文」）に「＊」（「アステリスク」と言う）を付けて示す。

　ところで，(6b) が非文となるのは，代名詞の「彼女」が「花子」より前にきているからだと思われるかもしれない。しかし，(7) のように代名詞が前にきていても非文にならない場合があるので，語順的な先行関係が決定的ではないことが分かる。

(7)　先生は，彼女が一生懸命書いた答案を，花子の前で酷評した。

では，(6a, b) の文法性の違いは何が原因なのだろうか。

　(6) と平行して，(8) のような文でも類似することが起こる。(8a) では，「太郎」と「彼」が同じ人物であると解釈することができるが，(8b) ではこの解釈は無理である。(8a, b) の構造を合わせてラベル付き括弧表示で示したのが (8c) である。

(8) a.　太郎は恩師に彼の著書を送った。
　　b.　*彼は恩師に太郎の著書を送った。
　　c.　[S [NP {太郎は／*彼は}] [VP 恩師に {彼の／*太郎の} 著書を送った]]。

「{太郎は／*彼は}」が主部の位置にあるのに対して，「{彼の／*太郎の} 著書」は VP 内部の奥深い位置にある。つまり，前者が後者より「上」にあるということである。各自で樹形図を書いて確認してほしい。とすると，代名詞がその代名詞の指す人物よ

り上の位置にあるとき、それらが同じ人物と解釈できないのではないかという予測が立つ。同様のことが (6) でも起こっていると考えられる。

(6) での VP の構造を次の (9) のように設定してみよう。非文となる (6b) では、「彼女」が「花子」より上の位置にあることが分かる。「V′」は、本来は $\overline{\text{V}}$ と表記され「V バー」と読むのだが、ワープロソフトで（かつてはタイプライターで）打ちにくいので、「V′」のように表記するのが慣例である。VP も V′ も動詞を中心とするまとまりであり、V′ は、とりあえず「小さい VP」と理解しておいてよい。

(9)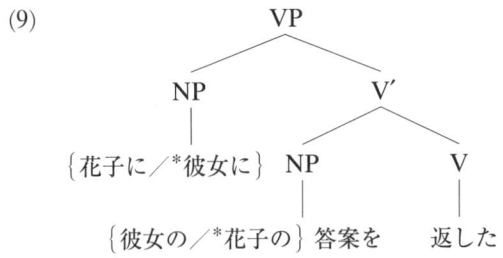

なお、ここでは「花子に／彼女に」をとりあえず NP としているが、このことは第 12 話でより正確に述べ直す。

このように、代名詞とそれが指す人物の解釈の可否は、語順的な先行関係が決定的な条件なのではなく、代名詞がどの位置にあるかという「構造的条件」によって決まるのである。なお、(6)、(8) は間接目的語と直接目的語をもつ構文で、英語の John sent

Mary a book. などに相当する二重目的語構文である。二重目的語構文については第12話で詳しく述べる。目的語を一つだけもつ通常の他動詞文では，特に必要がなければV′を設定する必要はなく，[s [NP 太郎は] [VP 本を [V 読んだ]]] のようなVP構造を設定しておけばよい。

さて，これまで「上の位置」と言ってきたものを，もう少し正確な言い方にしておきたい。(9)の樹形図で，「彼女に」のNPの枝を右上にたどっていくとVPがあり，ここで枝が右に分かれている。そして，右分かれの枝の下のほうに「花子の答案」がある。このように，代名詞の上にある「最初の枝分かれ」の下のほうにその代名詞を指す人物がくるとき，それらが同じ人物とは解釈できないのである。

このように正確に述べる必要があるのは，たとえば(10)の例から分かる。(10a)では，「彼」と「太郎」を同じ人間として解釈することができる。

(10) a. 彼の母親は太郎を甘やかし過ぎる。
   b.
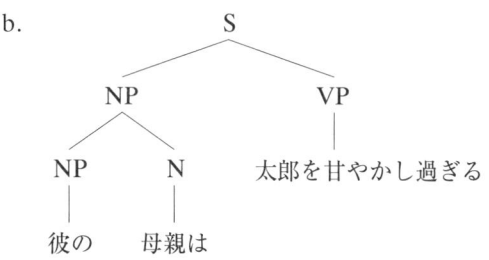

(10b) の構造で,「彼の」の上にある最初の枝分かれは(上の) NP であり,「太郎」はこの NP の下にはない。このことにより,「彼」と「太郎」を同じ人物と解釈しても構わないのである。なお, 枝分かれになっている上の NP は, [_N 母親は] に修飾語の「彼の」が付いて, N が「大きく」なったものである。「彼の」を示す下の NP は, 上の NP とは別であることに注意してほしい。

この章では, 基本的な樹形図について説明したが, 以下の章では, 日本語におけるさまざまな構文を「構造」の点から考えてみると, 新しい発見が続々と出てくることを話したい。

[参考図書]

本書は, 日本語文法や言語学の基礎知識がなくても読み進められるよう配慮したが, 次章以下の内容について「その先」を知りたい読者のために, 各章末で [参考図書] を紹介している。この中には初学者にとって少し高度なものも含まれているので, 参考図書を読んで難しいと思ったら, まず次のような概説書を先に読むことを薦めたい。

- 西光義弘(編)『日英語対照による英語学概論』(増補版, 1999 年, くろしお出版)
- 長谷川信子『生成日本語学入門』(1999 年, 大修館書店)
- 野田尚史『はじめての人の日本語文法』(1991 年, くろしお出版)

・中村捷・金子義明(編)『英語の主要構文』(2002年．研究社)

また，本書では，初学者でも入手しやすいように，専門雑誌に掲載された論文は紹介しない方針をとったが，一部，著者名と刊行年度を書いたものもあり，それらについては，何を見ればよいかを［参考図書］で紹介してある。

第 2 話

「部長は, 多分, 本社に応援を依頼するだろう」

1 副詞をどこに置くか

この章で取り上げたいのは，(1) で下線を引いて示す副詞を，文中のどこに置くのが適切かということである。

(1) a. <u>多分</u>，部長は本社に応援を依頼するだろう。
 b. 部長は<u>急いで</u>本社に応援を依頼した。

(1a) の「多分」は，文全体に係る文修飾副詞（以下，「文副詞」）と呼ばれるもので，(1b) の「急いで」は，「本社に応援を依頼した」という動詞句が表す動作を修飾する「動詞句副詞」と呼ばれるものである。文副詞と動詞句副詞の例を，それぞれ (2) と (3) でもう少し挙げておこう。

(2) a. <u>妙なことに</u>，美穂が僕に意味不明のメールを送ってきた。
 b. <u>恐らく</u>，直人が先生にそのことを話してくれるよ。
(3) a. 秀明が<u>大慌てで</u>教務課に卒論を提出した。
 b. 昌子が<u>しぶしぶ</u>相手に断り状を出したらしい。

ここで副詞と言うものには，「多分」や「恐らく」のように元々副詞であるものと，「妙なことに」や「大慌てで」のように，「妙なこと」「大慌て」という名詞に助詞が付いているので，副詞句と言うほうが正確なものがあるが，便宜上，両方とも副詞と呼んでおこう。「大慌て」が名詞であるのは，「大慌ての学生」のよう

に，名詞を修飾するとき「の」となることから分かる。

さて，文副詞は文全体に係るものなので，(1a) や (2a, b) のように文頭に置くのが最も自然であるが，(4a, b) の下線部の位置でも構わない。

(4) a. 部長は，<u>多分</u>，本社に応援を依頼するだろう。
 b. 美穂が，<u>妙なことに</u>，僕に意味不明のメールを送ってきた。

その一方で，(5a, b) の (?) や (??) の位置に入れると，多くの話し手は不自然だと感じることだろう。「?」は，言えなくもないが少しヘンであることを，「??」は，完全な非文とまでは言えないが，かなりヘンであることを示す。なお，用いる副詞や文全体の意味によって，あるいは話し手によっても文法性判断は多少揺れるが，とりあえず平均値的な判断としておこう。

(5) a. 部長は本社に (?) 応援を (??) 依頼するだろう。
 b. 美穂が僕に (?) 意味不明のメールを (??) 送ってきた。

(4) での文副詞に続く部分が，前の章で述べたように，[$_{VP}$ 本社に [$_{V'}$ 応援を [$_V$ 依頼するだろう]]] という VP 構造をなすことを思い出してほしい。文副詞は，文全体に係るという機能からして，VP の奥深い位置に入れるほど文法性が下がるのは理解できる。しかし，文頭位置以外に，(4) のように，主語の後に置い

ても文法的なのはなぜだろうか。

　他方，動詞句副詞の場合，「急いで」と「大慌てで」を，それぞれ(6a), (6b)の(▲)のどの位置に入れても，多くの話し手は「言える」と判断するだろう。もっとも，直接目的語の後に入れるのを多少嫌う話し手はいるかもしれない。また，文頭位置に入れる場合，その後にポーズ（「,」で示す）を置くほうがより自然だろう。

　(6) a.　(▲), 部長は(▲)本社に(▲)応援を(▲)依頼した。
　　　b.　(▲), 秀明が(▲)教務課に(▲)卒論を(▲)提出した。

こういったことを，日本語を学んでいる留学生に聞かれたとき，ちゃんと説明するにはどのようにすればよいだろうか。

2　文副詞の位置

　前節 (1a) の樹形図を書いてみよう。

　(7) a.　部長は本社に応援を依頼するだろう。

第2話 「部長は，多分，本社に応援を依頼するだろう」

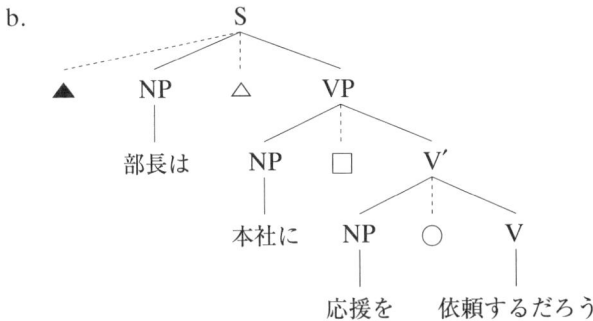

(7b) の▲位置に「多分」を入れると，その後に続くS全体を修飾する解釈が最も明確に得られるので，この位置に入れるのが最も妥当だろう。しかし，ここで重要なことは，▲位置に置いた文副詞がSに支配されていることである。Sに「支配される」とは，すぐ上の位置にSがあるという意味である。

 が，△位置に「多分」を入れても，文副詞がSに支配されていることには変わりがない。このように，文副詞が文全体を修飾すると言うとき，文頭位置に入れることが最も重要なのではなく，Sに支配される位置に入れるという構造的条件のほうがむしろ重要なのである。他方，VPに支配される□位置に入れると，主語の「部長は」が除外されてしまう。さらに，V′に支配される○位置に入れると，「部長は」と「本社に」が除外されてしまう。文副詞をVPの奥深い位置に入れるほど文法性が下がるのは，そのような理由によるのである。

3 動詞句副詞の位置

では，動詞句副詞「急いで」を，次頁 (8b) のどの▲位置に入れても文法的であることは，どのように説明したらよいだろうか。

動詞句副詞は，VP が表す動作を修飾するものなので，(8a) の文では，「本社に応援を依頼した」全体を修飾する位置，すなわち，VP に支配された左側の▲位置に入れるのが普通である。しかし，その右側の▲位置に入れても，VP に支配されていることには変わりがないので，この位置でも修飾関係が正しく表される。

ところが，V' に支配される位置に入れると，VP の一部をなす「本社に」が除外されてしまう。動詞句副詞をこの位置に入れるのを多少嫌う話し手がいるのは，そのような理由によると思われる。しかし，この位置でも容認する話し手が多いのはなぜだろうか。それは，動詞句副詞が VP 全体を修飾するとき，最終的には，連用修飾語として V を修飾することになるので，この位置でもその機能が果たされるからである。

(8) a. 部長は本社に応援を依頼した。

第2話 「部長は，多分，本社に応援を依頼するだろう」　19

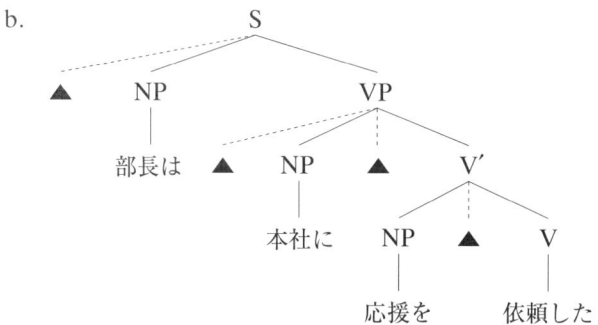

　最後に，動詞句副詞が文頭にも置けることを説明しなければならない。動詞句副詞がVPで表される動作を修飾することは繰り返し述べてきた。しかし，この動作を行うのは主語であるので，結局のところ，文が表す動作には主語も含まれることになる。動詞句副詞が，動作の主体である主語とVPが表す動作という，文が表現する「出来事」（これを「事象（event）」と言うことがある）の総体を修飾しても何ら問題がないと言えるのである。

4　文副詞のタイプ

　この章で扱った文副詞は，細かく見ていくと，少なくとも二つのタイプに分かれる。最後に，このことを少し補足しておこう。
　(9a) は，文が表す内容についての話し手の価値判断を示すもので，「価値判断の副詞」と呼ばれる。たとえば，「幸いにも，息

子が大学に合格しました」という文では，息子が大学に合格したことは幸いだという話し手の価値判断が表現されている。他方(9b) は，文が表す内容の真偽を示すもので，「真偽判断の副詞」と呼ばれる。たとえば，「明らかに，あの銀行は議員に賄賂を贈っている」という文では，賄賂を贈っていることは真だという話し手の判断が示されている。

(9) a. 妙なことに，あいにく，幸いにも，うれしいことに，驚いたことに，残念ながら，運悪く
  b. 多分，恐らく，きっと，確かに，明らかに，疑いもなく，ひょっとして，もしかすると

このように，(9a, b) の文副詞の意味機能は異なるのだが，両方とも，文が表す内容に対して何らかの判断を示すもので，文頭あるいは主語の後にくるという特質は共通している。

[参考図書]

　留学生などに，副詞の位置を構造の観点からどのように示すかということについて，『対照研究と日本語教育』(2002 年，くろしお出版) 所載の「言語の「構造」と日本語教育」で私見を述べたことがある。

　実際の教育現場で，副詞の位置を正面切って教えることはむしろまれなのだが，拙論では，質問があればどのように答えるかと

いうアンケートを取ってみた（回収数は 15）。アンケート調査を行ったのは，筆者が勤務する大学において一度は筆者の授業に出たことがある大学院修了生で，この章で述べてきたような「構造」について基礎知識を持っている日本語教育者である。その中で，VP を念頭に置いて答えるという回答は 8 であったが，非常に面白い指摘が一つあったので紹介しておきたい。

「早くご飯を食べる」という文を作る際に，「ご飯」が名詞なので，「早いご飯を食べる」と書く学習者がいる。したがって，単に名詞の前は「早い」，動詞の前は「早く」と言うだけでは不十分で，「動詞を中心とするまとまり」ということは教える必要があるという指摘である。言語学の授業ではないので，S/NP/VP などということを教える必要はないし，また教えるべきではないだろう。しかし，教える際に，教員の意識にことばの「構造」の観点が備わっていれば，明確で，かつ自信を持った教え方ができると筆者は考えている。

また，第 4 節で見た副詞の分類は，『日英語比較講座 第 2 巻 文法』（1980 年，大修館書店）に掲載されている，中右実「文副詞の比較」という論文に基づいている。分類から始まり，文副詞を巡る興味深い話題が満載されているので，興味のある読者はぜひ参照してほしい。

第3話

「え〜ん，ヒロちゃん，わたし，ぶった」

1 格助詞脱落

表題の文を聞いたとき,日本語の話し手なら,「ヒロちゃんがわたしをぶった」という意味であることはすぐ分かる。この文では,格助詞の「が」と「を」が脱落しているが,どのような場合に格助詞が落ちるのだろうか。格助詞脱落を巡る話題について考えてみよう。

まず,格助詞脱落文は,一般的には会話体での「ぞんざいな」言い方と思われているフシもあるが,新聞の見出し (1a) と,芝居のト書き (1b) から分かるように,必ずしも会話体に限定されるものではない。新聞の見出しでは,(1a) のように書くのが通常で,「が／を」を加えた「小泉首相が北朝鮮を訪問する」という見出しは奇妙に聞こえる。

(1) a.　小泉首相　北朝鮮　訪問
    b.　田中　受話器を取り上げる。

ここにおいて,テンスを示す「(す)る」も脱落させることに注意してほしい。「訪問する」は漢語サ変動詞と呼ばれ,テンスを示すのは「する」の部分である。漢語サ変動詞には,ほかに「研究する／調査する／逮捕する」など多数あるが,「デートする／ジョギングする／ダイエットする」など,英語からの借用語もこのタイプに属する。

また,芝居のト書きでは,「田中が受話器を取り上げる」とし

ても構わないが，(1b) のようにするのがむしろ普通だろう。ここにおいて，一見，現在テンス（正確には非過去テンス）の「(取り上げ) る」が現れているように思えるが，この「る」形はテンス性が払拭されており，「取り上げ」では文が成り立たないので「る」を加えているのである。過去テンスにした「田中　受話器を取り上げた」というト書きは多分ないだろう。

　見出しやト書きで何が起こっているのかは，この本では深入りしないが，格助詞脱落を論じる際に見落とされることが多いので，注意しておく必要があるだろう。そのことを押さえた上で，この章では，会話体に見られる格助詞脱落について考えることにしよう。その際に，会話体であることを明確に示すために，例文末に「よ」「ぞ」「ね」などの終助詞を付けることが多い。

　さて，格助詞脱落で重要なことは，(2) のように，脱落できるのが「が」と「を」に限られていることである。「が」であっても脱落できない場合があるが，そのことについては次の章で見る。他方，(3) で見るように，それ以外の格助詞を脱落させることはできない。「φ」は格助詞を脱落させた形を，「*φ」は脱落形が非文を導くことを示す。

(2) a.　え〜ん，ヒロちゃん {が／φ} わたし {を／φ} ぶった。

　　b.　直人 {が／φ} もう卒論 {を／φ} 提出したらしいぞ。

(3) a.　サヨちゃん {が／φ} 夏休み {に／*φ} 友達 {と／

*φ} 沖縄に行ったそうだ。
b. 美穂{が/φ}カナダ{から/*φ}ファックス{で/*φ}資料{を/φ}送ってきたよ。

ここで,「が/を」とは異なり,「に/と/から/で」などには,時/相方/起点/道具といった意味があるので脱落できないと思われるかもしれない。しかし,日本語の話し手であれば,(4a)の「結婚する」が,主語以外に「〜と」で示す人を必要とすることは知っているし,(4b)でも,受動文が「〜に」で示す動作主を必要とすることは知っているにもかかわらず,これらを脱落させることはできない。つまり,「と」「に」がなくても意味が分かるはずなのに,脱落が不可能ということである。

(4) a. 花子が太郎{と/*φ}結婚したそうだ。
b. 花子が太郎{に/*φ}殴られたそうだ。

以上のことから,格助詞脱落が意味だけの問題ではないことが分かるだろう。ただし,「が」「を」以外の格助詞に固有の意味があることは事実であり,このことは後に触れる。

注意を要するのは到着点を示す「に」である。(3a)の「沖縄に」での「に」の脱落を許容する話し手はいるだろうし,(5a, b)での「に」は,ほとんどの話し手にとって脱落可能だろう。

(5) a. 太郎はもう学校{に/φ}行ったよ。
b. 太郎はもう家{に/φ}帰ったよ。

このことから，到着点の「に」は脱落可能とされることが多いのだが，他の文例を観察してみると，脱落させにくいものが圧倒的多数であることに気付く。

(6) a. 昨日は，あれから四天王寺 {に／*φ} 参って，境内の前でダンゴを食べたよ。

b. 急いで先行部隊 {に／*φ} 追いつこう。

c. ああ，海外の大学 {に／*φ} 留学したいなあ。

d. 10時に，駅前 {に／*φ} 集まってね。

すなわち，「行く／来る／帰る」など少数の動詞に限って脱落が可能なのであり，「に」は，基本的に脱落できないと一般化しておくのが妥当だと思われる。

2 格助詞と後置詞

では，脱落できる格助詞と，できない格助詞はどこが違うのだろうか。先に挙げた (3)（(7) として再掲）をもう一度観察してみよう。

(7) a. サヨちゃん {が／φ} 夏休み {に／*φ} 友達 {と／*φ} 沖縄に行ったそうだ。

b. 美穂 {が／φ} カナダ {から／*φ} ファックス {で／*φ} 資料 {を／φ} 送ってきたよ。

「夏休みに」の「に」は,「10時に」の「に」などと同様,時間を示すもので,「友達と」の「と」は相手を示すものである。また,「カナダから」の「から」は起点,「ファックスで」の「で」は,「ナイフで(ケーキを切る)」などの「で」と同様,道具を示すものである。すなわち,「に／と／から／で」などには,それぞれ固有の意味があるということである。もちろん,「に」には,時間のほかに場所の意味(「校門の前に犬がいる」など)もあるといったことは,「に」以外の格助詞でも起こり得る。

それに対して,主語を示す「が」には多種多様な意味がある。そのいくつかを見ておこう。(8a)で「が」によって標示される主語は動作を行う主体,(8b)は心理的感情の影響を受ける人,(8c)は出来事を引き起こす原因,(8d)は状態変化を被るものを表しており,「が」には「一つの固有の意味」というものがないことが分かる。

(8) a. 親方が関取を蹴った。
　　b. 保奈美が結婚問題で悩んでいるようだ。
　　c. 大地震が町を揺さぶった。
　　d. 池が凍った。

他方,「を」には「が」ほどの多様性はないが,それでも,(9a)で「を」によって標示される状態変化を被る目的語,(9b)での必然的な物理的変化を受けない目的語,(9c)の動作の起点といった種類がある。

(9) a. 子供が花瓶を割った。

b. 先生が生徒を叱った。

c. 太郎が部屋を出た。

さて、脱落が不可能な「に／と／から／で」などは、英語ではin/with/from などの前置詞に対応するが、これらの前置詞は省くことができない。John went to New York with Mary. からwith を省いて、John went to New York *φ Mary. と言うことはできない。一方、日本語において格助詞脱落が可能な主語と目的語には、英語では前置詞が付かない。このように、日本語における格助詞の有無と、英語における前置詞の有無はきれいに対応しているのである。

そのように考えてくると、日本語文法で格助詞として一括されているものを、二つに区分したほうが妥当であることが分かる。「が」と「を」については格助詞という名称でよいだろう。他方、前置詞とは「名詞の前に置かれるもの」という意味であり、前置詞に対応する日本語の「に／から／と／で」などは名詞の後に置かれるので、英語の名称を平行移動して、これらを「後置詞」と呼ぶことにしよう。つまり、「格助詞」(「が」「を」)と「後置詞」(それ以外)に区分するということである。

前置詞を含む構造は (10a) であるので (PP のうち、最初の P は Preposition, 後の P は Phrase 示す)、後置詞を含む構造は (10b) (最初の P は Postposition) のようになる。すなわち、前

置詞と名詞句が PP（前置詞句）を構成するのと同様に，後置詞と名詞句が PP（後置詞句）を構成するということになる。

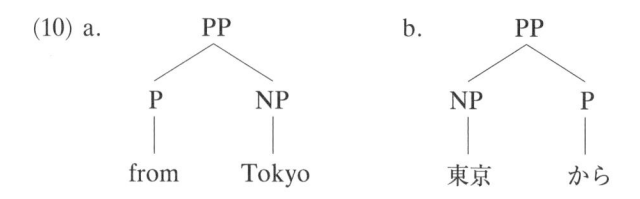

(10) a.
```
      PP
     /  \
    P    NP
    |    |
  from  Tokyo
```
b.
```
      PP
     /  \
    NP   P
    |    |
   東京  から
```

他方，格助詞の「が」と「を」については，これらが脱落できることから，(11a, b) のように，これらが付いたものも NP を構成すると考えよう。

(11) a.
```
     NP
     |
  太郎 {が／φ}
```
b.
```
     NP
     |
  花子 {を／φ}
```

つまり，後置詞のように枝分かれを作るのではなく，NP に「くっついている」と考えるのである。

3 主要部

英語の PP において，NP が人を指す代名詞の場合，(12) のように主語の she/he などとは異なる格の形をとる。「格」とは，文中で生じる位置の違いによって，NP に現れる形のことである。

(12) a. [PP [P from] [NP her]]

b.　[PP [P with] [NP him]]

(12) の her/him は，John hit {her/him}. など，他動詞の目的語が示す格の形と同じである。目的語の NP は，他動詞の後にくることによって格が与えられるので，前置詞に続く NP も，その前置詞によって格が与えられると考えるのが自然だろう。「格が与えられる」とは，他動詞や前置詞によって NP の格の形が決まるということである。このことは，後置詞や前置詞が脱落できないことを説明するのに，実は非常に重要なことである。

　前節の (10a) において，意味的な中心部は「Tokyo」にあるが，学校文法では，from Tokyo などが「前置詞句」と言われてきたことに注意してほしい。これはつまり，PP の統語的（文法的）な中心部は前置詞であるということである。とすると，(10b) でも，後置詞の「から」が統語的な中心部であるとしたほうがよいだろう。統語的な中心部を「主要部」と言う。PP/VP の主要部 P/V は，それを中心とする句の中で，その主要部にとって必ずなければならない NP（前置詞と他動詞の目的語）に格を与えるものなのである。

　日本語での P/V による格の与え方をまとめておこう。矢印は格を与える方向を示す。英語の場合，日英語の語順の違いに応じて，P/V をそれぞれ NP の前に置くことになるが，P/V が NP に格を与える点は日本語と同じである。

(13) a.　[_PP_ NP　P]

b.　[_VP_ NP　V]

　ところで，ここまで代名詞を用いて説明してきたが，現代英語ではJohn/Maryなどの人名の場合，文中のどこに出てきても格の形が変わらない。しかし，世界の言語の中には，文中の位置によってこれらの格の形が変わる言語もあり，現代英語では格のシステムが簡素化されていると考えておくのが妥当だろう。日本語では，文中の位置によって，格助詞や後置詞が使い分けられることも重要である。つまり，人名などにおいても，表面的な形こそ変わらないが，前置詞や他動詞によって格が与えられていると考えることになる。

　このように考えてくると，後置詞と前置詞が脱落できない理由がはっきりと理解されてくるだろう。つまり，これらがなければ，PPの中のNPに格が与えられないのである。一方，他動詞の目的語は，他動詞によって格が与えられているので，日本語では「を」が脱落しても構わないし，英語では前置詞が付く必要がない。格助詞脱落には，実はそのような「奥深い」理由があるのである。

　しかし，そうすると，主語の「が」が脱落できる理由は何なのだろうか。他動詞の目的語についての説明と整合性を得るためには，「が」が何かによって与えられていると考える必要がある。

このことを詳しく説明するには長い議論が必要なので，章末の［参考図書］で要点のみ提示し，「その先」を知りたい読者は，そこで示す文献を読んでいただきたい。

4 「は」

最後に，日本語文法で係助詞と呼ばれる「は」について，少し説明を加えておこう。まず，いくつかのパターンを観察してみよう。

(14) a. 田中さんは，会議で企画案を説明した。
   b. 企画案は，田中さんが会議で説明した。
   c. アメリカからは，国務長官代理が来た。

(14a) は，「田中さんが」と言い換えてもよいので，「は」をめくってその下を覗いてみると，「が」が張り付いていることが分かる。(14b) は，「田中さんが会議で企画案を説明した」という文から「企画案を」を文頭に移動し，それを「は」で標示したものである。ここでも，「は」をめくってその下を覗いてみると，「を」が張り付いていることが分かる。実際，文頭の NP を「企画案を」としても文が成り立つ。そして (14c) は，「国務長官代理がアメリカから来た」という元の文から，後置詞句の「アメリカから」を文頭に移し，それを「は」で標示したものである。つまり「は」は，「が」「を」で標示される NP，あるいは PP のいず

れにも付き得るもので,「は」自体が格を表しているわけではないのである。

[参考図書]

　格について,日本語学(日本語文法)における考え方の基礎的な知識を得るには,庵功雄『新しい日本語学入門』(2001年,スリーエーネットワーク)の第5章が便利である。その上で,格助詞脱落や,本書で後に説明する,格に関するいくつかの構文についての詳細を知るには,三原健一『日本語の統語構造』(1994年,松柏社)の第3章を見ていただきたい。また,「は」と「が」の関連については,久野暲『日本文法研究』(1973年,大修館書店)が出発点となる。

　第3節の最後で書いた,「が」が何によって与えられるかという問題については,実は,研究者によって意見が大きく異なっている。標準的分析ではテンスが「が」を与えるとされている。[太郎が[花子が家出した]と言っている]のように,テンスを持つ節の主語が「が」で標示されるからである。標準的分析については,竹沢幸一・John Whitman『格と語順と統語構造』(1998年,研究社)の第I部を見てほしい。しかし,「太郎が東京に行き,花子が博多に行った」や「お前が行け!」のように,一般的にはテンスがないとされる連用形や命令形の場合でも主語が「が」で標示されるので,標準的分析はそのままでは受け入れにくいだろ

う。筆者は別の見解を持っているが，議論が詳細にわたるので，興味ある読者は，三原健一『アスペクト解釈と統語現象』(2004年，松柏社) の第7章を見ていただきたい。また，この問題と関連する話題は，本書の第5話で述べる。

第4話

「このクラスでは，佐藤君が，いちばん頭がいい」

1 主語？

まず初めに，次の文を観察してみよう。

(1) a. このクラスでは，佐藤君が，いちばん頭がいい。
　　b. 関取の中では，豊ノ海が，最も腰が強い。
　　c. 今年の卒論では，広瀬さんが，ダントツで出来がいい。

言うまでもなく，日本語の主語は「が」で標示されるが，(1a-c)の文では，「頭が／腰が／出来が」という主語のほかに，「佐藤君が／豊ノ海が／広瀬さんが」という「が」で標示されるNPがもう一つ現れている。これは一体何なのだろうか。また，上の文では「佐藤君の頭／豊ノ海の腰／広瀬さんの(卒論の)出来」という「の」が関わる意味が読み取れるが，このタイプの文は「の」で置き換えられるものに限定されるわけではない。

下の (2a) には，「梅田駅前の高層建築がいちばん多い」という意味はなく，「梅田駅前に」という場所を表す「に」が「が」で置き換えられている。また，(2b) での「このフォントが」の「が」は，もし置き換えるとすれば，「で」が最も近いだろう。

(2) a. 大阪では，梅田駅前が，高層建築がいちばん多い。
　　b. 当社の製品では，このフォントが，矢印がお好みどおりに印刷されます。

(1) の文でも，「佐藤君がいい／豊ノ海が強い／広瀬さんがい

い」と言っているわけではないが，(2) ではさらに，「梅田駅前が多い／このフォントが印刷される」という意味はないので，これらの文での最初の「が」句が主語であるとは言えないだろう。

　(1), (2) のように，二つの「が」句を持つ文を「多重主格構文」と言う。主格とは，日本語では，「が」が付く名詞句の格を示す。「多重主語構文」と呼ぶ立場もあるが，上で述べたように，最初の「が」句は主語とは呼びにくいので，正しい名称とは言えないだろう。主語でないことは次の節でもっと明確に示すことにしよう。

　ところで，「二つの「が」句」と書いたが，三つくらいなら容認する話し手もいることだろう。(3) は，括弧に入れた表現を加えて読むとき，多くの話し手にとって許せる範囲だと思われる。

　(3)　文明国が，(特に) 北半球が，(その中でも特に) 男性の
　　　 平均寿命が短い。

2　総記の「が」

　前節の (1), (2) の文において，最初の「が」句は，それに後続する部分が当てはまるのは，その「が」句だけであるということを表している。たとえば (1a) は，このクラスでいちばん頭がいいのは佐藤君であって，その他の生徒については，「いちばん頭がいい」という言い方が当てはまらないことを表している。(2a)

も，高層建築がいちばん多いのは梅田駅前であって，その他の地域は，梅田に比べると高層建築が少ないという意味が読み取れる。このように，「〜だけが」ということを意味する「が」を「総記の「が」」と言う。総記の「が」句を含む文は，「いちばん頭がいいのは佐藤君だ」のように，「は」を用いて，文の前の部分と後の部分をひっくり返して表現することができる。

これに対して，次のような「が」句は，強勢を置いて強く発音しない限り，他のものについては当てはまらないということまでは意味していない。

(4) a. 机の上にメモ紙があるよ。
　　 b. あ，太郎がいる。

(4a)は，机の上にあるのはメモ紙だけとは言っておらず，ほかにメガネやCDもあるかもしれない。同様に(4b)でも，ほかに花子や次郎もいるかもしれない。このような「が」を「中立叙述の「が」」と言う。まず，ここで，(1)，(2)の「不思議な「が」句」が総記の意味を持っていることを押さえておこう。

次に，問題の「が」句をもう少し詳しく観察することにしよう。第1節で，問題の「が」句は主語ではないと言ったが，このことをもっとはっきり示すことはできないだろうか。

日本語には尊敬形と呼ばれるものがある。「召し上がる」「おっしゃる」など，専用の語彙で表現されるもの以外にもいくつかあるが，ここでは，(5)のような，動詞の連用形（「飲み」など）の

前後に「お...になる」が付くパターンを取り上げる。

(5) a.　山田先生がコーヒーをお飲みになった。
　　b.　山田先生の奥さんがコーヒーをお飲みになった。

この表現は，尊敬に足る人物が主語となるときに使い，「*学生がコーヒーをお飲みになった」とは言わない。したがって，「主語尊敬形」と呼ぶほうがより正確である。

(5)と対比して，連用形の前後に「お...する」をつける(6a)のようなものがある。このタイプでは，尊敬に足る人物が目的語となっており，(6b)のように言うことはできない。これは，謙譲語と呼ばれることが多いが，主語尊敬形と平行的に「目的語尊敬形」と呼んでよいだろう。

(6) a.　私は入り口の前で山田先生をお待ちした。
　　b.　*山田先生は入り口の前で私をお待ちした。

さて，(5a)で尊敬の対象となっているのは山田先生だが，(5b)で尊敬の対象になっているのは誰だろうか。奥さんの場合も，もちろんあり得るが，山田先生が尊敬の対象となっており，先生の配偶者という関係で主語尊敬形が使われていると考えるのが自然だと思われる。いわば，「尊敬の肩代わり」とでも呼べる現象である。文中に「山田先生」が現れていても，(7)のようには言えないだろう。つまり，ペットや単なる所有物は肩代わりができないということである。

(7) a. *山田先生の愛犬がお亡くなりになった。
   b. *山田先生の車がエンストをお起こしになった。

どのようなものが尊敬の肩代わりを行い得るかは，状況などによって変わることもあるだろうが，大方の日本語の話し手にとっては，尊敬に足る人物の家族くらいまでだと思われる。

以上の事実を背景にして，問題の「が」句が主語でないことを示そう。(7) を多重主格構文に変えてみると，「山田先生」が「が」句となっているにもかかわらず，完全な非文となる。

(8) a. *山田先生が，愛犬がお亡くなりになった。
   b. *山田先生が，車がエンストをお起こしになった。

ただ (9) は，筆者には比較的自然に響くのだが，調査を行ってみると不自然だと判断する話し手が多かった。

(9) a. 山田先生が，御自宅が夕べの火事でお焼けになった。
   b. 山田先生が，御著書がベストセラーにおなりになった。

不自然とする話し手は，(9) を (8) と同列に判断しているので，やはり，「山田先生」は主語ではないことになる。一方，筆者のような判断をする話し手は，山田先生が暮らしている「御自宅」や，山田先生の研究成果である「御著書」くらいまでは尊敬の肩代わりの対象になると判断していると考えられる。いずれにせ

よ,「山田先生」を主語と考える必要はないことになる。

3 「が」の脱落

多重主格構文において興味深いことは,最初の「が」が脱落できないか,あるいは極めて脱落しにくいことである。もっとも,関西方言の場合,たとえば「佐藤君φ,いちばん頭ええで」のように語彙を方言化すると,脱落に寛容な話し手がいるかもしれない。

(10) a. このクラスでは,佐藤君{が／*φ},いちばん頭がいいよ。
   b. 関取の中では,豊ノ海{が／*φ},最も腰が強いよ。
   c. 今年の卒論では,広瀬さん{が／*φ},ダントツで出来がいいよ。

前の章で,主語の「が」が脱落可能なことを見た。では,問題の「が」が脱落できないことは,どのように説明したらよいだろうか。

多重主格構文の構造を (11) のように設定してみよう。「いい」は形容詞なので,AP (Adjective Phrase, 形容詞句) と表示する。「佐藤君が」の上に付けた「X」については,後に正確な範疇名を示す。

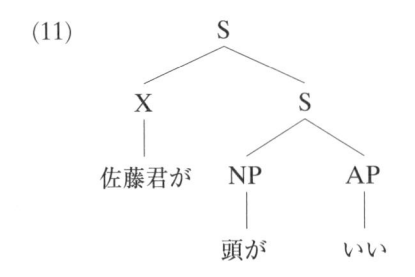

(11)
```
          S
         / \
        X   S
        |  / \
      佐藤君が NP  AP
           |   |
          頭が  いい
```

(11) の構造では，S の上にもう一つ S があり，それが「佐藤君が」を支配している（「支配」については第 2 話の第 2 節参照）。このような構造を「付加構造」と言う。付加は 2 回以上行ってもよい。第 1 節で挙げた (3)（＝次の (12a)）の構造は (12b) のようになる。

(12) a.　文明国が，（特に）北半球が，（その中でも特に）男性の平均寿命が短い。
　　 b.　[s 文明国が [s 北半球が [s 男性が平均寿命が短い]]]

さて，(11) において，「いい」と主語・述部の関係（主述関係）を担っているのは「頭」であるが，「頭がいい」というまとまりと主述関係を担っているのは「佐藤君」である。つまり，「佐藤君＝頭がいい」ということである。「佐藤君が」は主語ではないと繰り返し述べてきたが，「頭がいい」を内部に「が」句を持つ述部と考えれば，「佐藤君」は，その述部に対する主語であると言える。ただし，「佐藤君が」が「いい」の主語でないことは，もう一度強

調しておこう。

上で述べたような述部を「複合述部」と言うことがある。複合述部という言い方は，(13a-c) においてかぎ括弧で示す身体部分の表現では納得できそうだが，(13d) などでは疑問に思う人も多いだろう。次の段落でこのことをもう少し考えてみよう。

(13) a. 佐藤君が，［頭がいい］。
   b. 昌子が，［目がきれいだ］。
   c. 田中が，［気が強い］。
   d. 梅田駅前が，［高層建築が多い］。

よく考えてみると，(13a) の「佐藤君が，頭がいい」という文には，「佐藤君について言えば，頭がいいという状態が当てはまる」といった意味関係が読み取れる。(13b-c) についても同様であるが，同じ意味が (13d) にも読み取れるだろう。つまり，「梅田駅前について言えば，高層建築が多いという状態が当てはまる」ということである。このことから，(13d) のかぎ括弧部分なども複合述部と考えるのである。

上で述べた「～について言えば」といった意味を「Aboutness」と言うことがある。多重主格構文の最初の「が」句にこの意味があることは非常に重要な点である。「が」に固有の意味があることを示しているからである。多重主格構文の最初の「が」が脱落できない理由はここにあると考えられる。

第2話で述べたように，格助詞とは異なり，固有の意味があ

るのは後置詞の特徴であった．また，脱落ができないのも後置詞の特徴であった．とすると，多重主格構文の最初の「が」は後置詞であると考えたほうが，この構文の特徴を正しく示すことができることに気付くだろう．つまり，「が」には，格助詞のほかに後置詞があり，後置詞の「が」に「〜について言えば」という意味があるということになる．

　以上のように考えてくると，多重主格構文の構造は，正確には(14)であることが分かる．

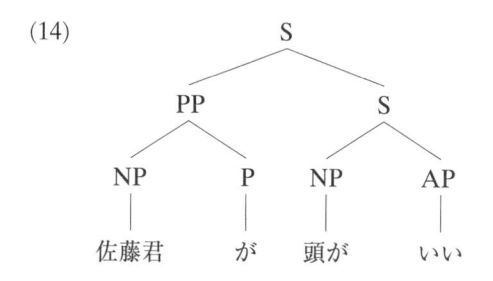

(14)
```
              S
            /   \
          PP     S
         /  \   / \
       NP    P NP  AP
        |    |  |   |
       佐藤君 が 頭が いい
```

ここにおいて，文頭のPPは，Aboutnessという関係で，後続する複合述部のSと結びついているのである．

[参考図書]

　この章で扱った構文を多重主語構文と呼んでいるのは久野暲『新日本文法研究』(1983年，大修館書店)である．それに対する反論は三原健一『日本語の統語構造』(1994年，松柏社)の第

3章で行った。ちなみに、この章の (3) で挙げた「文明国」の例は、括弧部分は筆者が入れたが、元々は久野によるものである。また、総記・中立叙述の「が」については、久野暲『日本文法研究』(1973年、大修館書店) が詳しい。

第5話

「私は局長の行動を不審に思った」

1 認識動詞構文

　表題の文は「思う」という動詞を用いている。「思う」は、細かく分類すると思考動詞ということになるが、この章で扱う構文に用いられる動詞はもう少し広いタイプを含み、一般的に「認識動詞」と呼ばれるものである。いずれも、判断を下す前に、頭の中でいちど考える（認識する）ことを表す動詞である。比喩的に言えば、「頭の中でいちど転がす」動詞とでも言えるだろう。これらの動詞を用いた構文を「認識動詞構文」と言う。

　このタイプの動詞には、ほかに、「受け取る／受け止める（「理解する／了解する」の意味）」「考える」「感じる」「感謝する」「見立てる」「例える」などがある。「感じる」は、「背筋にぞっとするものを感じた」のように、知覚を表すのが本来だが、この章で見るのは、(1c) のような認識を表す用法である。文例をまとめて挙げておこう。

(1) a.　私は局長の行動を不審に思った。
　　b.　設計者は白砂を川に見立てて庭を作った。
　　c.　直人は旧友の好意をありがたく感じたようだ。
　　d.　あいつは人生を軽く考えている。

認識動詞構文において、「局長の行動を」などの「を」句に後続するのは、(1a, b) の「不審に／川に」のような「に」形と、(1c, d) の「ありがたく／軽く」のようなイ形容詞の連用形（「く」形）

である。一般的には,「不審に」はいわゆるナ形容詞の連用形,「川に」の「に」は,「川だ」におけるコピュラ「だ」の連用形とされることが多いが, 筆者の意見とは異なるので, とりあえず「に」形と呼んでおきたい。なお, イ形容詞とは,「ありがたい申し出」のように名詞修飾形が「い」となるもの, ナ形容詞とは,「不審な男」のように「な」となるものを指す。

認識動詞構文には, ほかに(2)の「と」を用いるタイプもあるが, この章では, (1)のようなタイプを扱うことにする。

(2) a. 教授はその院生を天才だと思った。
 b. 政府はそのような活動をテロと見なすだろう。

認識動詞構文について説明すべきことが少なくとも二つある。一つは,「を」句と「に」形・「く」形の語順を入れ替えられない,あるいは非常に入れ替えにくいことである。(3)の例は, 話し手によって文法性判断には揺れがあるが, とりあえず「＊」で示しておこう。

(3) a. ＊私は不審に局長の行動を思った。
 b. ＊設計者は川に白砂を見立てて庭を作った。
 c. ＊直人はありがたく旧友の好意を感じたようだ。
 d. ＊あいつは軽く人生を考えている。

(1)での「に」形と「く」形は, 日本語文法では, 連用修飾語として動詞に係るものとされている。つまり, 動詞句副詞の機能

を果たしているということである。しかし，第2話でも見たように，動詞句副詞の語順の制限は緩やかなので，(3) の語順も許されるはずである。動詞句副詞は (4) のどの位置でも可能である。

(4) a. 太郎は卒論を急いで提出した。
b. 太郎は急いで卒論を提出した。
c. 急いで，太郎は卒論を提出した。

ところが，(1) の例では，(4b) だけでなく，(4c) の語順も許されない。

(5) a. *不審に，私は局長の行動を思った。
b. *ありがたく，直人は旧友の親切を感じたようだ。

次に，認識動詞構文では，(6a, b) のように「に」形・「く」形を省くことができない。

(6) a. *私は局長の行動を思った。
b. *直人は旧友の親切を感じたようだ。
c. 太郎は卒論を提出した。

(6b) は，「直人は旧友の親切を感じ取ったようだ」などとすると言えるが，この時，この章で問題にしている，認識動詞パターンの「直人は旧友の親切をありがたく感じ取ったようだ」の落ち着きが悪くなる。他方，動詞句副詞の「急いで」などは，(6c) のよ

うに自由に省くことができる。

以上のことから，認識動詞構文での「に」形と「く」形は，普通の動詞句副詞とは相当に振る舞いが異なることが分かるだろう。その原因は何だろうか。

2　「を」句の機能

認識動詞構文での「を」句は，日本語文法では目的語とされているが，「を」を脱落させ難いという点で，通常の目的語とは振る舞いが大きく異なる。格助詞の「を」であれば自由に脱落を許すはずである。

(7) a.　私は局長の行動 {を／*φ} 不審に思ったんですよね。
    b.　直人は旧友の親切 {を／*φ} ありがたく感じたらしいぞ。

格助詞脱落は会話体に頻発する現象で，(7) の文は比較的「硬い」ために，脱落を許さないと思われるかもしれない。確かに，(8) のような「柔らかい」文では，「を」が脱落しているように見える。

(8) a.　ヒロちゃんの行動，不審に思うなんて，おまえ，どうかしてるぞ。
    b.　おまえが，ヒロちゃんの行動，不審に思うなんて，

どうかしてるぞ。
  c. おれさあ，あいつの言い方，なんか気に入らなく感じるんだよね。

　が，筆者の印象では，(8a) は「ヒロちゃんの行動」を「を」句としているのではなく，この NP を独立した形で文頭に置いているように感じる。時計が止まっているのを発見して，「あの時計，止まってる」と言うとき，「は」も「が」も付け難いのと類似するパターンである。同じことは (8b) についても言える。これも，「ヒロちゃんの行動」を，独立した形で「不審に思う」の前に置いているのだろう。このことは，後に述べる分析と矛盾するものではないので，節を改めて取り上げることにしよう。また (8c) は，この場合，「言い方を」ではなく，「言い方は」と解釈しているとするほうが自然だと思われる。

　ところで，認識動詞構文の実例を集めてみると，「を」句の後に「,」が付いているものが多いことに気付く。文章が長くなるとこの傾向はさらに著しいようである。次の例は筆者が見つけた実例であるが，文章は少し変えてある。

(9) a. 村谷市議は，堀内貯水池開発を，長年の支持者でも首を傾げたくなる程に安易に考えているようだ。
  b. ウッドストック以来の「ザ・バンド」のファンは，今回のアルバムを，うんざりする程つまらなく感じているという。

「,」が文法において果たす役割は，あまり大々的には取り上げられないように思うが，以下で述べることを考えると，かなり重要な役割を果たしていることが分かる。

　言うまでもなく，文中での「,」は息の継ぎ目を示している。(9) での，「堀内貯水池開発」「今回のアルバム」という NP の後にある「,」もそれは同様なのだが，これは，どうも単なる息の継ぎ目以上の役割を果たしているようである。「堀内貯水池開発について言えば」という意味合いで予め提示し，その後に，「それを安易に考えているようだ」という文意を続けていると言えば分かりやすいだろうか。「佐藤君が，いちばん頭がいい」という多重主格構文での「佐藤君が」が，「佐藤君について言えば，彼はいちばん頭がいい」という Aboutness 機能を果たしているのと類似している。「が」と「を」のこのような機能を「提示機能」と呼ぶことにしよう。この観点から認識動詞構文をもう一度見直してみると，不思議な振る舞いの原因が理解されてくる。

　まず，「を」句と「に」形・「く」形の語順を入れ替えられないことだが，「を」句に提示機能があるとすれば，それを先に置くのは当然のことである。(10b) のように，提示されたものについて述べる「不審に」の部分を，提示句の前に置くのはそもそもヘンである。

(10) a.　私は局長の行動を不審に思った。
　　 b.　*私は不審に局長の行動を思った。

多重主格構文でもこのことは共通している。「*頭が，佐藤君がいちばんいい」とは言えないだろう。

次に，(11b, d) のように，「に」形・「く」形を省くことができないのは，「を」句で提示するとき，その「を」句の状態を表す「に」形や「く」形がどうしても必要になるからである。

(11) a. 私は局長の行動を<u>不審に</u>思った。
  b. *私は局長の行動を思った。
  c. 直人は旧友の親切を<u>ありがたく</u>感じたようだ。
  d. *直人は旧友の親切を感じたようだ。

そして，認識動詞構文の「を」が脱落させ難いのは，この「を」に，Aboutness という固有の意味があるからである。すなわち，この「を」は後置詞であるということである。

(12) a. 私は局長の行動 {を／*φ} 不審に思ったんですよね。
  b. 直人は旧友の親切 {を／*φ} ありがたく感じたらしいぞ。

3 認識動詞構文の構造

前節で見てきた「証拠」から，認識動詞構文の構造を (13) のように設定しよう。提示の「を」句を VP に付加した構造である（付加構造については第 4 話の第 2 節参照）。

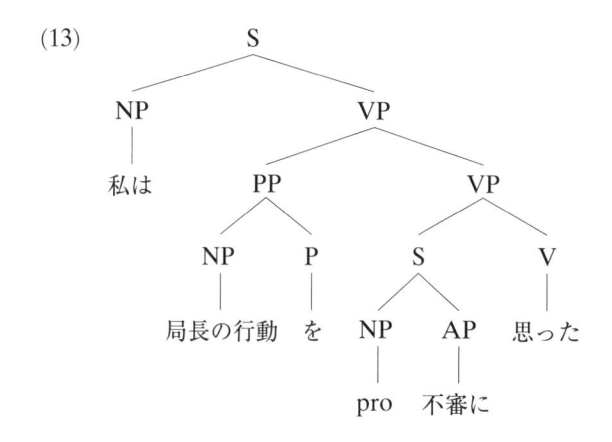

(13)
```
                    S
             ／      ＼
           NP         VP
           │      ／      ＼
          私は    PP          VP
               ／  ＼      ／   ＼
              NP    P    S       V
              │    │   ／＼     │
           局長の行動 を  NP  AP  思った
                      │   │
                     pro 不審に
```

この構造では，下の VP の中に S を埋め込んでいることに注意してほしい。S の中にある pro についてはすぐ下で説明する。また，「不審に」に付けた AP という表示は，筆者の意見とは異なるのだが，便宜上，一般的な「ナ形容詞」という名前に応じて付けてある。

　日本語は文脈から分かるものを省略する言語だと言われる。確かに，(14a) では話し手の「僕は」を省略しているし，(14b) では，(14a) に現れている「忠臣蔵を」を省略している。「省略」部分を下線で示す。

(14) a: ＿＿＿，昨日，テレビで忠臣蔵を観たよ。
　　 b: ああ，僕も＿＿＿観た。

しかし，省略というのは「そこに何もない」という意味なので，そうすると，(14b) の「観た」は，目的語を持たない他動詞とい

うことになるのだろうか。また，(14a) も主語のない文ということになってしまう。「いい天気だ」や「今，10 時です」などでは，主語と呼べるものが現れないが，「観る」のような動作述語において，主語がないというのはやはりヘンである。

　この本が基盤としている，生成文法と呼ばれる理論言語学の枠組みでは，日本語（や韓国語・中国語など）には，目には見えないがその位置を占める代名詞があると考える。このような代名詞を「ゼロ代名詞（zero pronoun）」と呼ぶ。(13) の樹形図で pro と表記したものである。(13) の例で言うと，「局長の行動について言えば，それが不審に思われた」という意味関係での，主語に当たる「それ」に相当するものと理解してよい。なお，「それが不審に思った」とは言えないので，説明の便宜上，「思われた」に置き換えてある。

　よく考えてみると，(13) の例で「思った」のは，「局長の行動を」でも「不審に」でもなく，「局長の行動＝不審であること」という主述関係をなすまとまりであるから，これを S として括っておくのは自然なことだろう。

　「を」の提示機能という観点から (13) の構造を設定すると，第 2 節の (8) で見た文の説明が容易になる。「なんて」節の主語は「おまえ」を指す pro である。

　(15)　pro ヒロちゃんの行動，不審に思うなんて，おまえ，
　　　　どうかしてるぞ。

前節で,「ヒロちゃんの行動」という NP は,「独立した形で」置かれていると述べた。これをより正確に言えば,後置詞の「を」を伴わずに,NP をそのまま提示句としているということである。(16) の構造を見てほしい。

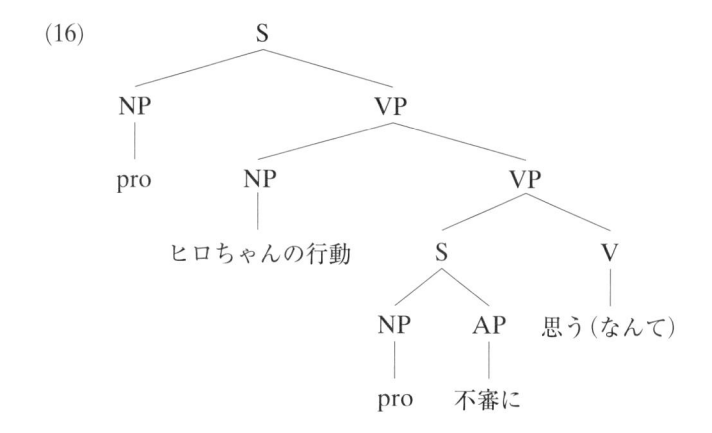

(16)
```
              S
            /   \
          NP     VP
          |    /    \
         pro  NP     VP
              |     /   \
         ヒロちゃんの行動  S      V
                      / \    思う(なんて)
                     NP  AP
                     |   |
                    pro 不審に
```

埋め込まれた S 内の pro は,VP に付加された「ヒロちゃんの行動」を指す。

4　把握様式

最後に,この章で「頭の中でいちど転がす」と言ってきたことを,もう少し考えてみよう。

前節の (13) の構造で,下の S の述語となるのは,イ形容詞の「く」形と,ナ形容詞・名詞の「に」形である。いずれも状態述語

であるが，動作述語の場合，連用形や「て」形を用いても「*私は美空ひばりを{出演し／出演して}思った」などとは言えない。この構文は，「を」句で提示したものに対して，その「状態」はどのようなものかを述べる構文だからである。

　では，状態述語ならどのようなものでもよいかと言うと，そうではなく，次のような制限があることが分かる。(17) は，文脈なしにこの文だけを見るとかなりヘンに感じる。それに対して，(18) はこのままでもよさそうである。

(17) a. ??僕は六甲山を青く感じた。
　　　b. ??僕は注射を痛く感じた。
(18) a.　僕は彼の説をうさんくさく感じた。
　　　b.　僕は美穂との別れをつらく感じた。

「青い／痛い／大きい／熱い」などは，注射をされた瞬間に「痛い！」と感じるように，話し手が直感的に把握できる状態を表す。「直感的把握」であることに伴い，「を」句は提示句としての機能を果たしていないと言える。果たす必要がないと言うほうが正確かもしれない。他方，「うさんくさい／つらい／ヘンだ／不審だ」などでは，話し手が，「を」句の表す対象について頭の中でいちど認識し，その後に判断を下すという過程が加わってくる。つまり，「を」句をいったん提示する必要があるということである。このような把握の仕方を「思念的把握」と呼んでもいいだろう。認識動詞構文は，まず「を」句を提示し，その提示句に対して何

らかの判断を下す構文である。とすると，(17) がこの構文と馴染まないのはむしろ当然と言える。

ところで，(17) を (19) のようにすると，突然文法的になるのは興味深いことである。

(19) a. 僕は六甲山を普段より青く感じた。
  b. 僕は注射をいつもより痛く感じた。

「普段より／いつもより」という表現を用いるには，現在の状態を過去の状態と比べる過程が必要となる。つまり，いちど頭の中で転がす過程が必要となるのである。

[参考図書]
　この章で述べた内容は，三原健一『生成文法と比較統語論』(1998年，くろしお出版) の第4章に基づいているが，その後，考えが変わった部分もあるので多少の修正を加えてある。日本語においてゼロ代名詞を設定する詳しい根拠については，本書では割愛したので，西光義弘(編)『日英語対照による英語学概論』(1999年，増補版，くろしお出版) の第3章を見ていただきたい。認識動詞構文には，第1節で少し触れた，「教授はその院生を天才だと思った」のような，「と」を用いるタイプもある。このタイプは，生成文法では「例外的格付与構文」と呼ばれる。ちなみに，この章で扱った構文は「小節」と呼ばれ，例外的格付与構文

とは別扱いされるのが通常である。例外的格付与構文と小節については，三原健一『日本語の統語構造』(1994年，松柏社)の第3章を見てほしい。

　第1節で述べた語順の制限は，益岡隆志『命題の文法』(1987年,くろしお出版)の第2部第4章で指摘されていることである。また，第4節の内容は，藤田保幸『国語引用構文の研究』(2000年，和泉書院)を基にしている。「直感的把握」「思念的把握」という用語も藤田の論考から借用した。ただし，直接的に参考にしたのは，この本ではなく，1982年に書かれた同著者の論文のほうである。

第6話

―――――――――――――

「みんな自分の老後を気にしている」

1 なぜ複数に？

表題の文には「自分」という言葉が使われている。ここでの「自分」は、「自分がまちがっていました」のように、話し手が自身のことを「自分」と言うときの使い方ではなく、「太郎は自分を過大評価している」などでの「太郎」を指す使い方である。日本語は、英語のように単数と複数を厳密に分ける言語ではないが、「自分たち」という言葉はある。表題の文では「自分たち」という複数の表現が使われていないのに、みんなが、それぞれ自分の老後を気にしているという意味が読み取れる。これはなぜだろうか。

もう少し例を加えておこう。(1c) の「誰か」も、本来はある一人の人間を指す言葉であるが、やはり複数の意味で解釈することができる。

(1) a. みんな自分の老後を気にしている。
　　b. 誰もが人に言えない自分の悩みを持っている。
　　c. どの選手も誰かを目標にして成長する。

(1) での、「みんな／誰も／どの選手」は、「すべて」という意味を表す数量表現で、「普遍数量詞」と呼ぶことが多い。普遍数量詞でなくても、複数の意味を持つ数量詞であれば、(2) のように「自分／誰か」に複数の解釈が可能だが、以下、主として普遍数量詞を用いて説明することにしよう。

(2) a. 3人の学生が自分の卒論のことで相談に来た。

b. 多くの犯罪者が誰かに逆恨みの感情を持っている。

(1) や (2) の文において,「自分／誰か」に複数の意味が可能なのは,複数の意味を持つ数量詞の何らかの「影響」によると直感的に感じるだろう。しかし,これらの数量詞が文中のどこにあってもこのような現象が起こるわけではない。(3) では「自分／誰か」に複数の意味は読み取れないだろう。

(3) a. 自分はみんなの老後を気にしている。

b. 誰かがわれわれ全員を見張っているような気がする。

たとえば,(3b) の「われわれ全員」が10人だとしよう。(3b) には,10人をそれぞれ見張っている「誰か」が10人いるという意味はない。(3a) は少し分かりにくいかもしれない。(3a) は,「みんな」の数に対応して「自分」を複数で解釈しようとしても,その解釈が得られないことを示す文である。「みんな」が10人だとする。その10人が,それぞれ自分の老後を気にするという意味は,(3a) からは到底得られないということである。

この章で今から話そうとしていることは,最初のうちはピンとこないかもしれない。が,言葉を考える際に重要なことなので,次第に慣れていってほしい。

2 作用域

(1) と (3) の解釈の違いは樹形図を書いてみるとよく分かる。(1a) と (3a) を例としよう。「自分」に複数解釈が可能な (1a) では，「みんな」が上にあり，「自分」が下にあることが分かる。

(4)
```
              S
            /   \
          NP     VP
           |    /  \
    {みんな/自分は} NP    V
                 |     |
         {自分の/みんなの} 老後を  気にしている
```

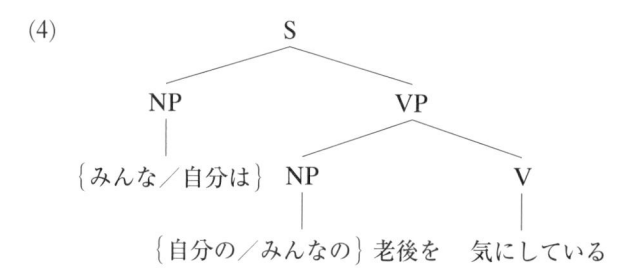

ただ，単純な上下関係だけで決まるわけではない。(5a) では，「みんな」の数に対応する「自分」の複数解釈は得られない。たとえば，太郎のお母さんが太郎の将来を気にしており，花子のお母さんが花子の将来を気にしており，次郎のお母さんが...といった意味はないということである。(5a) の構造 (5b) を見てみよう。

(5) a. みんなのお母さんが自分の将来を気にしている。

b.
```
               S
            /     \
           NP      VP
          /  \    /  \
        NP    N  NP    V
         |    |   |     |
       みんなの お母さんが 自分の将来を 気にしている
```

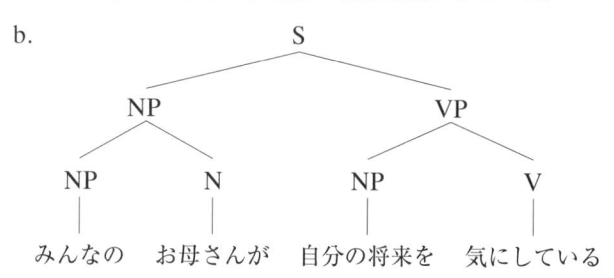

(5b) では,「みんな」を支配する最初の枝分かれは上の NP であり,「自分」はこの NP の下にはない。それに対して,(4) に示したとおり,(1a) は,主語の「みんな」を支配する最初の枝分かれの S の下に,「自分(の老後)」がきている。このように,「自分」や「誰か」が複数の意味になるためには,複数の意味を持つ数量詞を支配する「最初の枝分かれ」の位置が重要なのである。逆に,(3a) の「みんな(の老後)」が目的語となっているほうの構造は [NP [NP みんなの] [N 老後]] なので ((5b) の構造参照),最初の枝分かれは上の NP であり,主語の「自分」がこの下にないことを再度確認しておこう。

このような解釈の違いは「作用域」という言葉で捉えられる。普遍数量詞など,複数の意味を持つ数量詞を支配する最初の枝分かれの下に「自分」や「誰か」がくるとき,その数量詞が「自分／誰か」に「作用域を及ぼす」と言う。この時,「自分／誰か」が複数の意味になる。第 1 節で述べた,「複数の意味を持つ数量詞の何らかの影響」というのは,構造の点から正確に言えばこのことなのである。

しかし,数量詞の作用域においては多少複雑なことが起こる。第 1 節で見た (2) の例 (次の (6)) をもう一度見てみよう。

(6) a. 3 人の学生が自分の卒論のことで相談に来た。
　　b. 多くの犯罪者が誰かに逆恨みの感情を持っている。

(6) の主語「3 人の学生／多くの犯罪者」の構造は,(5b) の主語

「みんなのお母さん」の部分と同じで，(7) のような構造をとっている。

 (7) [$_{NP}$ [$_{NP}$ 3人の] [$_N$ 学生]]

(5b) とは異なり，(6) では，なぜ「自分／誰か」に複数解釈が可能なのだろうか。

　この問題を解く鍵は，(6) では，「3人の学生／多くの犯罪者」が，それぞれ，下線で示す数量詞を省いても「学生／犯罪者」であることには変わりがないことにある。つまり，「3人の学生／多くの犯罪者」＝「学生／犯罪者」であるということである。それに対して (5b) では，「みんなのお母さん」＝「みんな」であるわけではないことを，ここで十分に理解しておこう。

[参考図書]

　数量詞を含む文は，この章の第2節で述べたこと以外にもかなり複雑なこと，したがって説明を要する興味深いことが起こる構文である。概説的な文献も多数あるが，まず，西垣内泰介・石居康男『英語から日本語を見る』(2003年，研究社) の第2章を見てほしい。また，奥野忠徳・小川芳樹『極性と作用域』(2002年，研究社) の第II部は，英語の例が中心で，初学者には多少高度だが，中級レベルの話題を多く含む本である。

第7話

「田中先生はスワヒリ語が話せる」

1 目的語の「が」標示

日本語の他動詞文は，主語が「が」，目的語が「を」になるのが基本であるが，(1)-(3) のように，目的語が「が」で標示されるパターンがある。これらは「主格目的語構文」と呼ばれる。

(1) a. 僕はコーヒーが好きだ。
　　b. 平田君はテニスがうまい。
(2) a. 僕は君の気持ちがよく分かる。
　　b. おまえは金があるからなあ。
(3) a. 僕はカツ丼が食べたい。
　　b. 田中先生はスワヒリ語が話せる。

目的語の「が」標示は，(1)-(3) で用いた，「好きだ／分かる／食べたい／話せる」のような状態述語に限られており，動作述語では「*僕はコーヒーが飲んだ」などと言うことはできない。なお，(3a) の「食べる」は動作述語なのだが，「たい」が付くと，「美しい／美しかった」などのイ形容詞と同様，「食べたい／食べたかった」のように形容詞型活用をとるので，全体として状態述語になる。また，「話せる」も，状態述語である可能の「える」が付いて，動作述語が状態述語になっているものである。「話す (hanas-u)」の語幹 (活用しない部分) は hanas なので，正確には hanas-e-ru となるが，簡便化のため「える」と表記する。

(1), (2) の主格目的語構文は，「好きだ／分かる」など単独の

述語を用いており,「単純形」と呼ばれることが多い。他方 (3) は,「食べる／話す」という動詞に, それぞれ, 希望を表す「たい」と可能を表す「える」が付いたもので,「複合形」と呼ばれる。なお, 可能の「える」は, hanas のような子音語幹動詞に付くときは e(-ru) となるが, tabe のような母音語幹動詞に付くときは, rare(-ru) のようになる。もっとも, 最近では「食べれる」のような言い方が一般化しつつあり, この場合の表記は re(-ru) となる。

　(1), (2) の目的語は「が」標示のみが可能で,「*テニスをうまい」とか「*君の気持ちをよく分かる」などと言うことはできない。ただ, 筆者には落ち着きが悪いのだが,「君の気持ちをよく分かることが大事だと思っている」などを容認する話し手も若干いた。それに対して (3) は,「カツ丼｛が／を｝食べたい」「スワヒリ語｛が／を｝話せる」のように,「が／を」の交替が可能な文である。そして (2a, b) と (3b) は,「僕には」「田中先生には」のように, 主語に「に」を付けることができるパターンで,「与格主語構文」と呼ばれる。(1) と (3a) では「*僕にはコーヒーが好きだ」「*僕にはカツ丼が食べたい」などとは言えない。

分類が少し複雑なので表にまとめておこう。

	(1)	(2)	(3a)	(3b)
述語 (例)	単純形 (好きだ)	単純形 (分かる)	複合形 (食べたい)	複合形 (話せる)
目的語	「が」のみ	「が」のみ	「が／を」可能	「が／を」可能
主語	「に」不可	「に」可能	「に」不可	「に」可能

この章で扱いたいのは,「が／を」交替が可能な (3a, b) タイプである。が,主語の「に」標示については,どのような述語が「に」を許すのか,一般的に言われているより実情は相当に複雑なので,この章では論じないことにする。

さて,目的語の「が」標示と言ってきたが,これが目的語であることを示しておく必要がある。第4話で挙げた主語尊敬形をその証明に用いることにしよう。

基本的な「お...になる」という形のほかに,「(コーヒーが)お好きだ」を用いる場合や,「(テニスが)おうまい」とはあまり言わず,「お上手だ」を用いる場合などもあるが,一般的には次のような構図になっている。

(4) a. 先生は学生の気持ちがよくお分かりになる。
  b. 先生はスワヒリ語がお話しになれる。

(4)で主語尊敬形が可能なのは,尊敬に足る人物の「先生」が主語であるからにほかならない。また,これらの文では「が」句を省くことができないが,必須項を二つとるのは他動詞文であり,したがって,この「が」句は目的語であるということになる。ただし,国語学の分野では,主語・目的語と区別して「対象格語」と呼ぶ立場もある。

ちなみに,(2a, b), (3b) のパターンで,「は」を「に」で置き換えた「僕に君の気持ちがよく分かる」などが主語であることも,主語尊敬形を用いて証明できる。ただし,独立文において,「には」ではなく「に」を単独で用いることを嫌う話し手が多いので,括弧内の表現を加えて従属節内に収めてある。

(5) a. 先生に学生の気持ちがよくお分かりになる(ことは,学生はみんな知っている)。
    b. 先生にスワヒリ語がお話しになれる(ことは周知の事実だ)。

2 「が／を」の交替と作用域

第1節で述べた「が／を」の交替について,すでに挙げたものも含め例を追加しておこう。(6d) は,「書く」に「にくい」を付けたもので,(6a-c) と同様に複合形である。

(6) a. 僕はカツ丼 {が／を} 食べたい。

  b. 田中先生はスワヒリ語｛が／を｝話せる。

  c. うちの優ちゃんはもう漢字｛が／を｝読めるんですよ。

  d. このフォントは樹形図｛が／を｝書きにくい。

これらの文において、「が」を用いる場合と「を」を用いる場合で、意味が異なるのだろうか、それとも同じなのだろうか。ここでは印象的なことのみ述べ、その構造的理由は後ほど示すことにしよう。

「僕はカツ丼を食べたい」と言うとき、「カツ丼」を特に強く発音しない限り、淡々と「カツ丼を食べたい」と述べている印象がある。それに対して、「僕はカツ丼が食べたい」と言うとき、他のものではなく、「カツ丼が食べたい」と言っている印象があるだろう。「今晩なに食べる？ カレー？」と言われて、「それでいい」ではなく、「それがいい」と言うのと似たような印象である。この意味の違いは、後に示すように、実は重要なことを含んでいるのである。

さて、この節で問題にするのは、「が」を用いる場合と「を」を用いる場合の作用域解釈（第6話参照）の違いである。(7)のような文を見ることになるが、本論に入る前に説明しておきたいことがある。

(7) a. 太郎は右耳だけが動かせる。
  b. 太郎は右耳だけを動かせる。

(7)では「だけ」という表現が現れている。第6話では，数量詞の作用域について述べたが，作用域解釈に関わる表現は数量詞だけではない。「だけ」と否定表現もその一つである。

(8) a. 先生はヒロシだけを誉めなかったよ。
  b. おかずだけを食べずに，ご飯もちゃんと食べなさい。

(8a)で最初に思い浮かべる意味は，「誉めなかったのはヒロシだけ」という解釈だろう。しかし，よく考えてみると，この文には，「誉めたのはヒロシだけではない」という意味もあることに気付くだろう。「直美も一郎も誉めた」という解釈である。他方(8b)には，文脈からして，「食べるのは，おかずだけではなく，ご飯もだ」という意味しかない。(8a)の最初の解釈は，「ヒロシだけ」が否定の「ない」に作用域を及ぼしているもので，英文法の本などで全文否定と呼ばれる解釈である。それに対して，(8a)の二つ目の解釈と(8b)の解釈は，否定の「ない／ず」が「ヒロシだけ／おかずだけ」に作用域を及ぼしているもので，部分否定と呼ばれる解釈である。

このように，「だけ」は，否定あるいは下で述べる可能の「える」などが同じ文中にあるとき，作用域解釈に関わってくることを十分に理解してほしい。なお本書では，否定の作用域について詳しく述べる余裕がないが，章末の［参考図書］で文献を紹介したい。

以上のことを背景にして，(7)の文（次の(9)）を考えてみよう。

(9) a. 太郎は右耳だけが動かせる。

b. 太郎は右耳だけを動かせる。

(9a) では，下に示す (10a) の解釈は得られるが，(10b) の解釈は難しいだろう。(10a) は，たとえば筋肉の付き方などにより，動かせるのは右耳だけという解釈である。他方 (10b) は，両耳とも動かせるのだが，右耳だけを動かすこともできるという解釈である。(9a) に対して (9b) では，(10b) の解釈は得られるが，(10a) の解釈は難しいだろう。

(10) a. 左耳は動かすことができず，動かすことができるのは右耳だけだ。

b. 左耳を静止しておいて，右耳だけを自由に動かすことができる。

つまり，(9a) は，「右耳だけ」が「える」に作用域を及ぼす解釈，(9b) は，「右耳だけ」が「える」に作用域を及ぼしていない解釈になるということである。前章で述べたように，作用域を及ぼすものは「上」にあることを，ここでもう一度思い出してほしい。

(9) は，日常生活では特殊な状況を設定する必要がある文かもしれないので，(11) と (12) でもう少し自然なものを挙げておこう。解釈がよく分かるように文脈も付けることにしよう。

(11) a. 2年生は微分だけが理解できます。積分はまだ無理です。

b.　彼は植物タンパクだけが摂取できるんだ。動物タンパクは医者に禁じられているから。

(12) a.　学部生は開架図書だけを閲覧できます。院生になれば書庫に入れます。

　　b.　一般乗客はロビー A だけを利用できると書いてある。ラウンジを使うには特別会員カードがいるみたいだな。

(11), (12) は, 可能を表す「できる」という表現を用いているが, これは, 漢語サ変動詞の語幹 (「する」を省いた部分) の「理解」「閲覧」などに「できる」を付けたもので, 複合形と同等に扱うことができる。

　さて, (11a, b) は, 後に続く文脈で示したように, 能力的にあるいは治療の必要で, 「微分だけ／植物タンパクだけ」が「理解できる／摂取できる」という意味になる。つまり, 「微分だけ／植物タンパクだけ」が, 「理解できる／摂取できる」に作用域を及ぼす解釈である。他方 (12a, b) は, 身分が違えば閲覧や利用ができるのだが, 今のところ, 「閲覧できる／利用できる」のは「開架図書だけ／ロビー A だけ」という意味になる。つまり, 「開架図書だけ／ロビー A だけ」が「できる」に作用域を及ぼしていない解釈である。では, 「が」と「を」の作用域解釈の違いは, どのように説明されるのだろうか。

3 先触れの「が」句

複合形は、動詞の後に「える／できる／たい／にくい」などを付けるもので、このような場合の構造として二つの可能性が考えられる。「英語｛が／を｝話せる」「英語｛が／を｝話したい」を例としよう。一つの可能性は、(13a) のように、VP の上に VP（「える」の場合）、あるいは AP（「たい」の場合）を設定する構造である。もう一つの可能性は、(13b) のように、主節の S の下に別の S を埋め込む構造である。「たい」の場合、語幹 hanas の後に -i が生じるが、これは、hanas-tai のつながりにおいて子音が連続するので、発音できるように入れるものである。

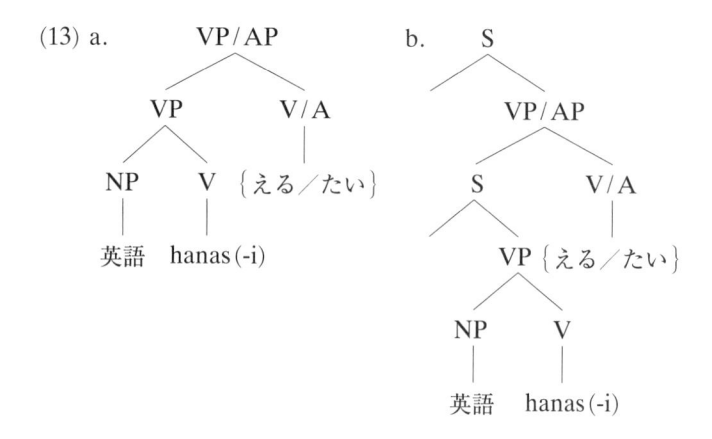

(13) a.
```
         VP/AP
        /     \
       VP     V/A
      /  \     |
    NP    V  {える／たい}
    |     |
   英語  hanas(-i)
```

b.
```
            S
            |
          VP/AP
         /     \
        S      V/A
        |       |
       VP   {える／たい}
      /  \
    NP    V
    |     |
   英語  hanas(-i)
```

「話す」は動作述語なので、(13a) の構造では「英語」が「を」で標示される。「英語」を「が」で標示するためには、「話す」と

「える／たい」を結び付け，全体を状態述語にする必要がある。このときの構造は (14) のようになるだろう。

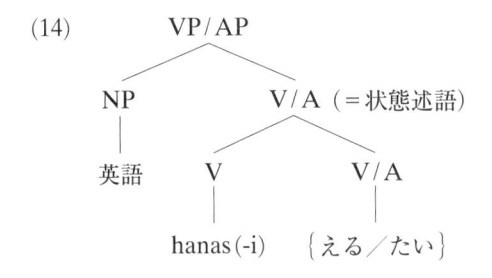

```
(14)           VP/AP
              /    \
           NP       V/A （＝状態述語）
           |       /    \
          英語    V       V/A
                  |       |
               hanas(-i)  ｛える／たい｝
```

この操作は多少複雑だが，(13a) の構造から hanas(-i) を「える／たい」の位置に移動し，hanas(-i) を「える／たい」に付加することになる。そうすると，(13a) の下の VP から V がなくなるので，この VP を刈り込むわけである。なお，(13b) では，「英語を」の構造を示してある。「英語が」の場合は第 4 節で詳しく述べる。

　ここで前節の説明を思い出してほしい。「だけ」が関わる「英語だけが話せる」では，「だけ」が「える」に作用域を及ぼす解釈しかなかった。しかし，(14) の構造は，結局のところ [VP [NP 英語だけが] [V 話せる]] というものなので，「だけ」と「える」が同じ VP の下にあることになる。このような場合，「いろいろな言語で話すこともできるが，英語だけで会話をすることもできる」という解釈もあり得るはずだが，これは事実に反する。したがって，(13a) の構造は採用できないことになる。

第2節の最初の部分で,「カツ丼が食べたい」と言うとき,他のものではなく「カツ丼が食べたい」と言っている印象があると述べたことを思い出してほしい。つまり,「が」標示の文では,その「が」句を強調しているということである。そして,このことと関連して,次のような文も言えることに注目してほしい。

(15) a. うちの優ちゃんは,もう,<u>漢字が</u>,小学校1年生には難しいものでも<u>読める</u>んですよ。
  b. このフォントは,<u>樹形図が</u>,特に矢印の<u>先端部分を</u>きれいに書きにくい。

(15a) は,まず「漢字が」と述べておいて,その漢字のうち「難しいものでも」読めると言っている。同様に (15b) でも,まず「樹形図が」と述べておいて,その樹形図のうち「先端部分を」と言っている。ここにおいて,「が」標示の句<u>について言えば</u>,その後で述べる状態が成り立つという意味関係が読み取れるだろう。これは,第4話の第3節で述べた Aboutness と呼ばれる意味関係である。

このように,主格目的語構文での「が」標示の句は,その句に続く状態について前もって述べる,いわば「先触れ」のような機能を持っているのである。このことは,多重主格構文での最初の「が」句や,認識動詞構文での「を」句との類似性を思い起こさせる。このような先触れ機能は英語でも見られる。I believe <u>of John</u> that he is a genius. の下線部のようなものである。この文

は「私は，ジョンについて言えば，彼が天才だと信じている」と言っているのである。以下，この観点から主格目的語構文の構造を設定することにしよう。

4　主格目的語構文の構造

　前節の (13b) で概略を示した構造をもっと正確にしてみよう。「太郎は右耳｛が／を｝動かせる」を例とする。まず，「が」標示から始めよう。「右耳が」を上の S の中にある VP に付加した構造である。

　(16) で，埋め込んだ S の中にある pro は，第 5 話の第 3 節で述べたゼロ代名詞である。pro(1)／pro(2) に付けた数字は便宜上のものだが，pro(1) は上の S の主語「太郎」に，pro(2) は「右耳」に対応している。

(16)

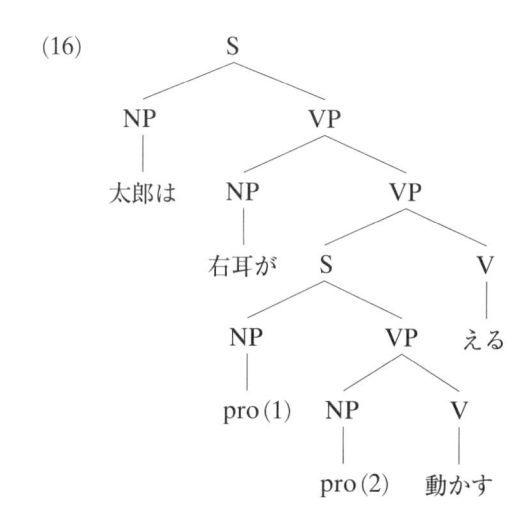

```
              S
         /        \
        NP         VP
        |        /    \
       太郎は    NP      VP
                |     /    \
              右耳が   S      V
                    /   \    |
                   NP    VP  える
                   |    /  \
                 pro(1) NP  V
                        |   |
                      pro(2) 動かす
```

この構造で表そうとしている意味関係を理解するには，少し慣れることが必要かもしれないが，おおむね，「太郎は，右耳について言えば，彼がそれを動かせる」のような意味を表そうとしている。ここで，「右耳だけが」としてみると，「だけ」が「える」より上にくることにより，「だけ」が「える」に作用域を及ぼすことが分かるだろう。

前節の (15) で見た例（次の (17)）の説明も容易にできる。

(17) a. うちの優ちゃんは，もう，<u>漢字が</u>，小学校 1 年生には難しいものでも読めるんですよ。

　　 b. このフォントは，<u>樹形図が</u>，特に矢印の<u>先端部分を</u>きれいに書きにくい。

この文では，(16) の pro(2) を，「難しいもの／先端部分」として言語化している。ゼロ代名詞は「代名詞」なので，(18) のようにあえて表現しようとすれば，言語化することができるのである。

(18) a.　｛pro／僕は｝，昨日，テレビで忠臣蔵を観たよ。
　　 b.　ああ，僕も｛pro／忠臣蔵を｝観た。

他方，「を」標示の文は，次の (19) の構造をとるとしてよいだろう。埋め込んだ S の中にある pro は，上の S の主語「太郎」に対応するゼロ代名詞である。ここにおいて，「右耳」を「右耳だけ」に換えてみると，「える」が「だけ」より上にあるので，「だけ」が「える」に作用域を及ぼさないことが分かるだろう。

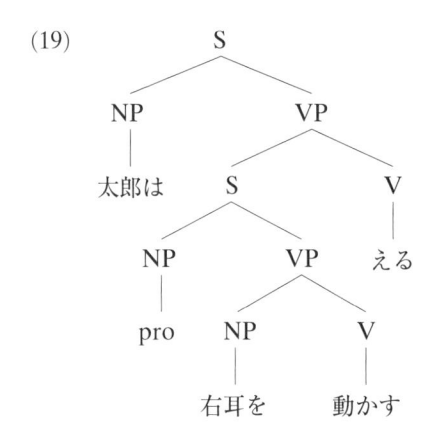

(19)
```
            S
          /   \
         NP    VP
         |    /  \
        太郎は S    V
             / \   |
            NP  VP える
            |   / \
           pro NP  V
               |   |
              右耳を 動かす
```

複合形の主格目的語構文は，表面的に見ると「が」と「を」が

交替しているだけの構文のように思えるかもしれないが，実は，本書でこれまでに述べてきたいくつかのことが絡み合っている，複雑な，したがって興味深い構文であることが理解されるだろう。

[参考図書]

　主格目的語構文の分析は，古くは久野暲『日本文法研究』(1973年，大修館書店)に見られる。この本には，主格目的語構文となる述語の詳しいリストも挙げられているので，最初にぜひ参照してほしい。ちなみに，(13a), (14)の構造を提案しているのも久野である。また，柴谷方良『日本語の分析』(1978年，大修館書店)も大いに参考になる。なお，第1節で「対象格語」と呼ぶ立場もあると述べたが，これは，時枝誠記『日本文法　口語篇』(1950年，岩波書店)の立場である。

　第2節での「だけ」と「える」の作用域の話は多田浩章の1992年の論文によっている。また，第4節の(16), (19)の構造は，高野祐二の2003年の論文で提案されているものを，本書の説明に合わせて修正したものである。本書では，専門雑誌に掲載された論文名は挙げない方針をとっているので，多田・高野の論文については，三原健一・平岩健『新日本語の統語構造』(2006年，松柏社)の第7章を見てほしい。この章では，主格目的語構文のさまざまな分析を紹介するとともに，筆者の考えも併せて示してある。

否定とその作用域も非常に奥深い内容を含むトピックだが,たとえば,奥野忠徳・小川芳樹『極性と作用域』(2002 年,研究社)の第 I 部などを見てほしい。

第 8 話

「警官は男が逃げようとするのを呼び止めた」

1 奇妙な関係節？

　表題の文の「奇妙さ」を理解するために，このタイプの文例をいくつか挙げてみよう．

(1) a. 警官は男が逃げようとするのを呼び止めた．
　　b. あいつ，オレが冷蔵庫にビールを冷やしておいたのを，全部飲んでしまいやがった．
　　c. 壁にピカソの絵が掛けてあったのを，子供がズタズタに引き裂いてしまった．

(1a)は，通常の関係節（かぎ括弧部分）を含む(2a)と，一見同じ意味を表しているように思える．(1a)も(2a)も警官が男を呼び止めたことには変わりがないからである．(1a)にかぎ括弧を付けたものを(2b)で挙げておこう．(1b, c)も，「オレが冷蔵庫に冷やしておいたビール」「壁に掛けてあったピカソの絵」という関係節と意味的に対応している．

(2) a. 警官は［逃げようとする］男を呼び止めた．
　　b. 警官は［男が逃げようとする］のを呼び止めた．

　(2a)では，関係節によって修飾されるNP「男」が，関係節の「外」にきている．このようなNPを関係節の「主要部」と言うことにしよう．ところが(2b)では，「男」がかぎ括弧部分の「内」に収まっている．(2b)のかぎ括弧部分を関係節の一種と捉え，

「主要部内在型関係節」(以下,「内在節」と略記)と呼ぶ研究者が多い。この章では,まず,これらは関係節とは言えないことを示し,次に,この構文の構造がどのようなものかを考えることにしよう。

2 関係節ではない

(1a-c) は,確かに通常の関係節と同じ意味を表していると言ってもよさそうだが,さらに多くの文例を観察してみると,意味的に対応しない文が数多くあることに気付く。その一例を (3), (4) で示す。

(3) a. 太郎は［僕が冷蔵庫にビールを 5 本冷やしておいた］のを町内会の集会に持っていった。
　　b. 太郎は［僕が冷蔵庫に冷やしておいた］ビールを 5 本,町内会の集会に持っていった。
(4) a. 次郎は［氷が溶けてしまった］のをゴクゴク飲んだ。
　　b. *次郎は［溶けてしまった］氷をゴクゴク飲んだ。

内在節の (3a) では,冷やしてあったビールも太郎が持っていったビールも 5 本であるが,関係節の (3b) は,冷やしてあったビールが 5 本以上あり,太郎が持っていったのはそのうちの 5 本という意味である。そして,内在節の (4a) は自然な文だが,関係節の (4b) は,氷をゴクゴク飲むという意味になり,よく考

えてみるとヘンな表現である。

次に、内在節内部にある要素が、主節の要素と関連しているように見える例について述べることにしよう。まず (3), (4) を見てほしい。

(5) a. 直人は鹿肉を生で食べた。
　　b. 美穂はドレスを赤く染めた。

(5a) は食べたときの鹿肉の状態が生だったという意味で、(5b) は染めた後、ドレスが赤くなったという意味である。この時、当然のことながら、「鹿肉／ドレス」と「生で／赤く」は同じ文中になければならない。「鹿肉／ドレス」を従属節（[ ]部分）内に置いた (6) は意味不明だろう。

(6) a. *直人は [父親が鹿肉を食べている] のを生で見た。
　　b. *美穂は [母親がドレスを染めている] のを赤く見た。

たとえば (6a) は、[直人は [父親が鹿肉を食べている] のを見た] という文の主節に「生で」を加えたものであるが、従属節末に「の」が生じており、一見、内在節と形が似ている。しかし、内在節とは、たとえば (1a) で「男を呼び止める」という意味関係が読み取れるといったように、主節動詞が要求する NP が節内に生じるものである。同様に (1b, c) でも、「ビールを飲んでしまう」「ピカソの絵を引き裂く」という意味関係が読み取れる。ところが、(6) のすぐ下で挙げた文では、「父親が鹿肉を食べて

いるのを見た」のであって,「鹿肉を見た」のではない。このような文の従属節は,「見る／聞く」などの知覚動詞が「の」で標示される節を従えるもので,「知覚動詞補文」と呼ばれ,内在節とは別物である。

さて,内在節では,(6) と同様の構造を持つ (7) のような文が言える。

(7) a. クロネコは［業者が鹿肉を保冷庫にしまっておいた］のを生で輸送してしまった。
   b. ［壁にピカソの絵が掛けてあった］のを,子供がズタズタに引き裂いてしまった。(= (1c))

関係節でも (8) が言えるので,内在節を関係節の一種とする立場では,(7a, b) での「鹿肉／ピカソの絵」が,何らかのメカニズムで,(8a, b) の主要部位置にあるのと同等の意味機能を果たすと考える。

(8) a. クロネコは［業者が保冷庫にしまっておいた］鹿肉を生で輸送してしまった。
   b. ［壁に掛けてあった］ピカソの絵を,子供がズタズタに引き裂いてしまった。

「何らかのメカニズム」については,本書が想定しているレベルを超えるので,ここでは詳しく説明できないが,「もっと先」を知りたい読者のために,章末の［参考図書］で文献を紹介するこ

本論に戻るが，(7a, b) の「鹿肉／ピカソの絵」が，何らかのメカニズムで (8a, b) の主要部位置にあるのと同等の意味機能を果たすと言うためには，(3a), (4a) でも同じことを言う必要がある。が，すでに見たように，(3a), (4a) は，(3b), (4b) とは同等ではない。内在節を関係節の一種と捉えるのは，やはり無理だとすべきだろう。しかし，(7) の奇妙な振る舞いは説明しなければならない。このことは第4節で示す。

3 「が」と「を」

これまで見てきた内在節は，「警官は男が逃げようとするのを呼び止めた」のように，「の」の後に「を」がくるものであった。しかし，「の」の後に「が」がくる内在節もある。

(9) a. ［銀行から強盗が逃走しようとした］のが，バリケードを張っていた警官隊に逮捕された。
  b. ［猛スピードで車が迷走してきた］のが，街路樹をなぎ倒しながら50 m ほど舗道を暴走し，やっと民家の塀に当たって止まった。

「に」を用いた，(10) のような例を容認する話し手もいるが，筆者の判断では，「が／を」を用いたものより，少し落ち着きが悪いように感じる。

(10) 子供が，[猛スピードで車が走ってくる] のにぶつかって，大ケガをした。

内在節を作るのは「が」と「を」と一般化しておこう。また，内在節に現れる「の」は，[僕は [花子が結婚した] のを知らなかった] のような，文を名詞化する「名詞化辞」としておいてよいだろう。

　面白いことに，富山方言では，内在節の「の」(11a) と名詞化辞の「の」(11b) がともに「が」で現れる。

(11) a. 警官は [泥棒が出てきた] がを捕まえた。
　　 b. [花子，結婚した] が知っとる？

もっとも，富山方言では，「あそこで走っとる {が／男}，オレの友達がやちゃ」のように，代名詞の「の」も「が」となるので，「名詞」であるものを「が」で表すという一般化がなされているようである。代名詞の「の」については，下でもう少し述べる。

　ところで，次のような文も，一見，内在節であるように見える。「片付けようとした／作って食べた」が要求するNP「書類／餅」が，かぎ括弧の中に生じているからである。

(12) a. 事務官は [書類がまだできていない] のから片付けようとした。
　　 b. 道子は，[冷蔵庫に餅が残っていた] のであべかわを作って食べた。

しかし，(12)での「の」は，「もの／やつ」などと置き換えが可能であり，修飾語を加えることもできるので，名詞化辞ではなく，代名詞の「の」と考えられる。

(13) a. 事務官は書類がまだできていない<u>急ぎ</u>{<u>の</u>／<u>のもの</u>}から片付けようとした。

    b. 道子は，冷蔵庫に餅が残っていた，<u>まだ食べられる</u>{<u>の</u>／<u>やつ</u>}であべかわを作って食べた。

代名詞の「の」とは，「廊下にある{の／箒}を取ってきて下さい」のように，名詞で置き換えられるものを指す。内在節の「の」は，「警官は男が逃げようとする{の／*やつ}を呼び止めた」のように，名詞で置き換えることはできないのである。

さて，内在節を作るのが，基本的に「が」と「を」であるとすると，その理由は何なのだろうか。ここで思い出してほしいのは，多重主格構文や認識動詞構文で見た，提示機能を持つ「が」と「を」である。次の節で，内在節について最終的な結論を出すことにしよう。

4 副詞節

筆者は，内在節とは，名詞化辞の「の」でまとめられた文が，主節の表す事態に対する「背景」として予め提示される，副詞節であると考える。名詞化辞の「の」は，実質的な意味内容を持た

ない「形式名詞」であるが，Nには違いないので，先行するSを包み込んで，全体の範疇はNPとなる。全体がNPとなるものが副詞節として機能するのは，日本語では珍しいことではなく，(14)のほかにも多数ある。

(14) a.　[NP [S 太郎が来た] [N 時]]
　　 b.　[NP [S 大阪に引っ越した] [N 翌日]]

そして，内在節では，主節の動詞が要求する主語や目的語が表面に現れないが，これらはゼロ代名詞であるとする。このゼロ代名詞は，内在節の中にある，いわゆる「主要部」に対応するものである。つまり，次のような構造をなしていると考えるのである。(15a)でのproは目的語として，(15b)のproは受動文の主語として働いている。

(15) a.　警官は [NP [S 男が逃げようとする] [N の]] を，pro 呼び止めた。
　　 b.　[NP [S 銀行から強盗が逃走しようとした] [N の]] が，pro バリケードを張っていた警官隊に逮捕された。

(15a, b)での，「警官が呼び止めた」「警官隊に逮捕された」という主節の出来事は，「男が逃げようとする」「強盗が逃走しようとした」という内在節の出来事を背景として起こっている。内在節が主節に対する背景として提示されるとき，その中心人物の

「男」や「強盗」を内在節の中で言語化しておいて，主節で pro とするのは自然なことだろう。ゼロ代名詞は，文脈が許せば（たとえば冗長にならない場合），言語化することが可能だが，内在節でも (16) のようなものは言えるだろう。

(16) a. 暴漢は，久美子さんが逃げようとするのを，鉄パイプのようなもので彼女を殴って死亡させたものらしい。

b. 猛スピードで車が迷走してきたのが，街路樹をなぎ倒しながら 50 m ほど舗道を暴走し，そいつが，やっと民家の塀に当たって止まった。

ここにおいて，内在節に付く「を」と「が」が提示機能を果たすと主張していることは，すでに理解されているのではないかと思う。

このように考えると，第 2 節の (7) で見た奇妙な振る舞いに対して自然な説明が可能となる。(7) に pro を加えたものを (17) として示す。

(17) a. クロネコは [業者が鹿肉を保冷庫にしまっておいた] のを pro 生で輸送してしまった。

b. [壁にピカソの絵が掛けてあった] のを，子供が pro ズタズタに引き裂いてしまった。

(17a, b) では，「鹿肉／ピカソの絵」を指す pro が主節の目的語

として生じている。「生で／ズタズタに」はこの pro の状態を表しているので，現象としては何ら特殊なものではないことになるのである。

　最後に (15a, b) の構造を樹形図で確認しておこう。(18a) は内在節を VP に，(18b) は S に付加した構造である（「バリケードを張っていた」は省いて示す）。

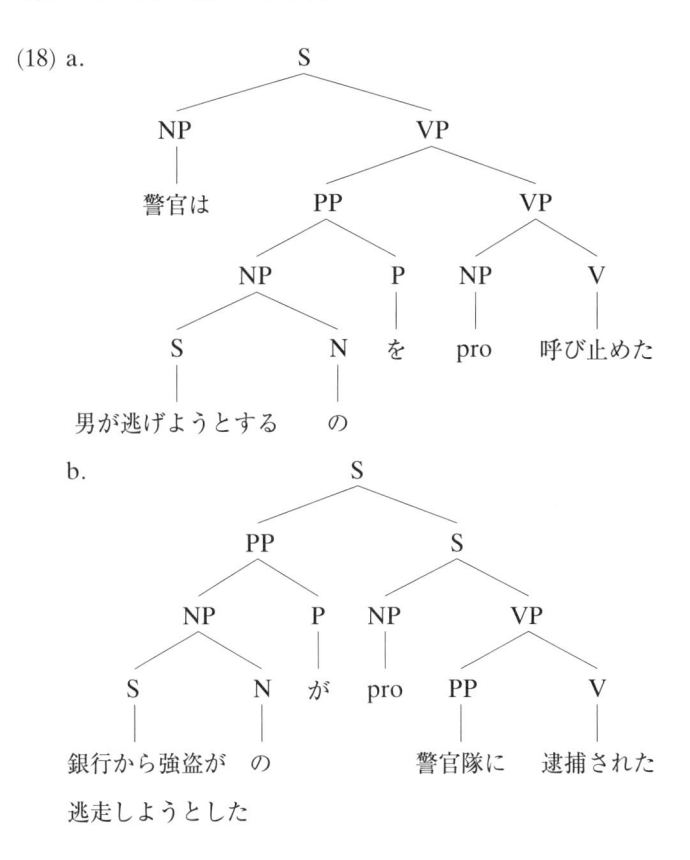

(18) a.
```
              S
          /       \
        NP         VP
        |       /      \
       警官は   PP         VP
              /   \      /    \
             NP    P    NP     V
            /  \   |    |      |
           S    N  を   pro   呼び止めた
           |    |
      男が逃げようとする の
```

b.
```
                    S
               /         \
              PP           S
            /    \      /      \
           NP     P    NP       VP
          /  \    |    |      /    \
         S    N   が   pro   PP     V
         |    |              |      |
   銀行から強盗が の        警官隊に 逮捕された
   逃走しようとした
```

ただ，考える必要のあることが一つ残る。すでに気付いていると思うが，(18a) は認識動詞構文に，(18b) は多重主格構文に類似する構造で，「を／が」は後置詞である。そうすると，「を／が」を脱落させにくいという予測が立つが，期待に反して，(19) でこれらを脱落させた文は言える。

(19) a. あいつ，[オレが冷蔵庫にビールを冷やしておいた] の {を／φ}，全部飲んでしまいやがった。

b. [体育館にテロリストが籠城していた] の {が／φ}，やっと降伏したらしいぞ。

ここで思い出してほしいのは，第 5 話の第 2 節において，(20) の「ヒロちゃんの行動を」から「を」を脱落させたように見える形（説明の便宜上 φ で示しておく）は，この「ヒロちゃんの行動」という NP を独立した形で文頭に置いているとしたことである。

(20) ヒロちゃんの行動 {を／φ}，不審に思うなんて，おまえ，どうかしてるぞ。

内在節は，全体が NP となる構造なので，(19) のような例も (20) と同様に扱っておきたい。

[参考図書]

理論言語学において主要部内在型関係節を初めて論じたのは，

1974年から1976年の間に発表された，黒田成幸の連続する3本の論文である。この連作は，多少の修正を経て，Kuroda, S.-Y. (1992) *Japanese Syntax and Semantics: Collected Papers* (Kluwer Academic Publishers) に再掲されている。

　第2節の (3), (4) の観察は，星浩司の1995年の論文と，霜山純子の1999年の論文による。これらは，三原健一・平岩健『新日本語の統語構造』（2006年，松柏社）の第6章で紹介した。

　主要部内在型関係節が副詞節であるという主張は，上記の三原・平岩による本（のうち三原が担当した第6章），および三原健一『日本語の統語構造』（1994年，松柏社）で提示したが，1992年から1995年の間に発表された，村杉恵子の3本の論文でも展開されている（これも三原・平岩で紹介した）。第3節での富山方言に関する指摘も村杉による。

　ところで，筆者が副詞節説を提出して以来，主要部内在型関係節を関係節の一種と考える研究者も，この構文には，関係節タイプと副詞節タイプの二種があることを認めるようになる。筆者の説に対する反論については，赤塚紀子・坪本篤朗『モダリティと発話行為』（1998年，研究社）の第II部と，黒田成幸・中村捷（編）『ことばの核と周縁』（1999年，くろしお出版）に掲載されている黒田論文を見てほしい。三原・平岩の第6章には，黒田論文に対する再反論も含めてある。ちなみに，第3節の (12), (13) を巡る話は，坪本篤朗との議論を経て，『日本語の統語構造』での筆者の主張を訂正したものである。

第9話

「凧あげ」

1 動詞由来複合語

日本語は動詞が関わる複合語が非常に多い言語であるが、この章では、次のようなタイプの複合語について考える。

(1) a. 凧あげ,猛獣狩り,暇つぶし,ワックスがけ
   b. 缶切り,耳かき,栓抜き,箸置き
   c. 金持ち,嘘つき,酒飲み,邪魔しい

(1a)は「凧をあげる」のような動作、(1b)は道具、(1c)は人間を表す複合語である。(1c)の「邪魔しい」は関西方言で、邪魔ばかりする人という意味である。以下、主として(1a)の動作タイプを例とする。

(1a-c)は、目的語が動詞の連用形に「編入」されて複合名詞になったもので、「動詞由来複合語」と呼ばれる。全体が名詞であるのは、「缶切りがある／凧あげをする」のように、格助詞が付いて主語や目的語になることから分かる。

目的語の編入は非常に生産的で、少し考えればいくつでも例が頭に浮かぶが、表現として定着していないものは、最初に聞いたときはヘンに感じるものがある。たとえば、遊びの名前として(2a)は言えるが、(2b)は、聞いてすぐに遊びの名前と思うだろうか。

(2) a. 凧あげ,ダルマ落とし,モグラたたき,石蹴り
   b. 風船あげ,赤玉落とし,足たたき,箱蹴り

しかし、これは、(2b) のような遊びが、もしあったとしても一般的ではないからである。筆者は、かつてデパートの店員から「おうち使いですか」と言われて、一瞬意味が分からなかったことがあるが、別のデパートでも同じことを言われ、贈り物ではなく「お家で使う」という意味で、店員の間では流通している表現だと知ったことがある。

編入されるのは目的語だけではなく、副詞表現が編入される場合もあるが、(3a) のように言える場合と、(3b) のように言えない場合がある。

(3) a. ポイ捨て、手書き、大阪育ち、口座落とし
b. *ブラリ寄り、*素手殴り、*寄席笑い、*桃生まれ

(3a) に対応させて「ブラリと寄る／素手で殴る／寄席で笑う／桃から生まれる」という意味で (3b) を言うことはできない。

主語は一般的には編入できない。

(4) a. *兵隊歩き、*スーパーマン飛び、*歌手唄い、*子供泣き
b. *学生書き、*主婦買い、*親送り、*家族食べ

(4a) は自動詞主語を編入したものだが、「兵隊が歩く」や「歌手が唄う」といった意味で、(4a) を使うことはできない。スーパーマンのように飛ぶという遊びがもしあれば、「スーパーマン飛び」と言えるかもしれないが、これは、主語を編入したものではなく、

「蛙泳ぎ」と同様に,蛙のように泳ぐという意味で,副詞表現を編入したものである。また,他動詞主語を編入した (4b) も,「学生がレポートを書く／主婦がバーゲン商品を買う／親が子供に仕送りを送る／家族が焼肉を食べる」などの意味では無理である。

ただ,他動詞でも (5) は言えるが,これら以外にはないと思われるので,例外的に語彙化されたものとしておいてよいだろう。

(5)　男好き,虫食い,受取人払い,神隠し

もっとも,「男好き」は,「男好きのする顔」では主語を,「あの女は男好きだ」では目的語を編入しており,どちらの意味かは文脈による。また,「男泣き」という表現もあるが,これは,単に男が泣くという意味ではなく,屈強な男のように泣くという意味で,副詞表現を編入したものだろう。

この章で考えたいのは,動詞由来複合語において目的語の編入が生産的であるのに対して,主語の編入ができないのはなぜか,そしてまた,副詞表現の編入がその中間であるのはなぜかということである。

2　動詞との距離

第1節で述べたように,動詞由来複合語は全体として名詞 (N) となるので,その構造は (6) のようになる。

(6)
```
      N
     / \
    N   N
    |   |
    凧  あげ
```

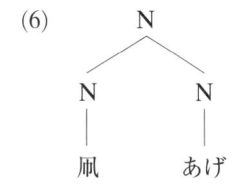

「凧をあげる」という表現では「凧」はNPであるが,「凧あげ」は複合語として一語化しているので,その内部に句は含まれない。筆者が使っている「白いフキン洗い」という台所用石鹸があるのだが,昔からどうも違和感のある商品名である。「フキン」に修飾語の「白い」が付いているので,この部分の構造は[N [AP 白い] [N フキン]]となるが,上のNの中にAPが含まれており,語構成の原則を破っているので違和感を覚えるのだろう。

それはともかく,連用形の「あげ」は,動詞が名詞化したものである。日本語動詞の連用形は,「読み／書き」や「この株は今が売りだ」のように,容易に名詞化する。ただ,動詞由来複合語の後項となる連用形は,いずれも動きを表すものなので,「動名詞 (verbal noun; VN)」と表記するほうがより正確だろう。

さて,動詞由来複合語の全体の範疇はNであるが,日本語の話し手の直感としては,目的語が編入される「凧あげ」などにおいて,(7)のような構造が(恐らく無意識のうちに)頭の中にあるのではないかと思われる。

(7)
```
        VP
       /  \
     NP   V/VN
     |     |
     凧   あげ
```

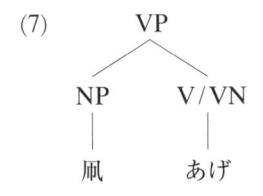

つまり，(7) の構造から「凧」を「あげ」に編入して，(6) の構造になるという直感である。もちろん，言語学者以外の母語話者が，日常的に「構造」を念頭に置いて発話することはないので，あくまでも，無意識のうちの直感であることは強調しておきたい。この本が基盤としている生成文法という理論的枠組みは，人間の頭（正確には「言語脳」）の中にある「言語能力」の解明を研究目標の一つとしていることを，ここで付記しておこう。

　上で述べた観点から動詞由来複合語を考えてみると，第1節の最後で書いた「なぜ？」に対して，納得してもらえるような説明が可能となる。次の樹形図を見てほしい。

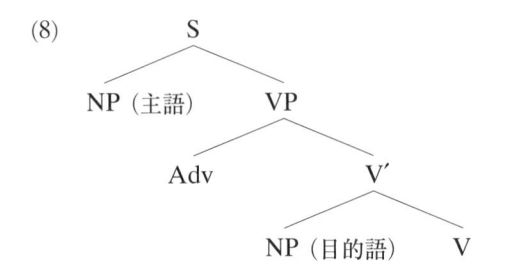

(8)
```
              S
             / \
     NP（主語）  VP
                / \
              Adv   V′
                   / \
           NP（目的語） V
```

　(8) の V に対して編入を行うとき，V に最も近いものが編入しやすいことは，直感的に納得されるのではないかと思う。言う

までもないが, 目的語はVにいちばん近いので, 編入が最も容易となる。それに対して, 主語は, Vから遠いので編入が困難になると考えられる。他方, 動詞由来複合語に現れる副詞表現 (Advと表記する) は, いずれもVに係るものなので, 動詞句副詞としてVPに支配される位置に置くのが慣例である。Advは, 目的語よりはVから遠いが, 主語よりは近いので, 編入されるものもあるがされないものもあると考えるのである。もちろん, 編入された形が「言える」ためには, その形が一般的に使われる語彙として定着する必要がある。もし, 農作物から赤ん坊が生まれるという民話がいくつもあれば, 柿から生まれる, カボチャから生まれるなどと対比させて, 「桃太郎は桃生まれだ」という表現が, ひょっとすれば言えるのかもしれない。

3 状態変化の自動詞

第1節で, 主語の編入は, わずかな例外を除き許されないと述べたが, (9) のように, 主語が編入された動詞由来複合語は, 実は非常に多くある。これらも「例外」なのだろうか。しかし, 例外とするにはいかにも数が多すぎる。

(9) a. 山崩れ, 荷崩れ, 幕開き, 値上がり, 雨上がり, 地割れ, ひび割れ, 時間切れ, タネ切れ, 様変わり, 心変わり, 水たまり, 夜ふけ, 休み明け, 肩こり,

　　　　胸焼け
　b.　雨降り，耳鳴り，胸騒ぎ，地響き

　しかし，(9a) の動詞をよく観察してみると，一定の特徴があることに気付く。いずれも，主語の状態変化を表す自動詞だということである。(9b) のように，状態変化ではなく，単なる動作を表すものもあるが，数としては (9a) タイプのほうがずっと多いだろう。

　(9a, b) を「ている」形にしたものを比べてみよう。

(10) a.　山が崩れている，雨があがっている，ひびが割れている，水がたまっている，肩がこっている
　　b.　雨が降っている，耳が鳴っている

(10a) の「ている」形は，山が崩れた状態や，水がたまった状態を表すもので，「結果持続」の「ている」形と呼ばれる。山がまさに今崩れていくのを見て，「山が崩れている」と言う人もいるかもしれないが，筆者の感覚では，やはり，「山が｛崩れていく／崩れつつある｝」と言いたい。それに対して，(10b) の「ている」形は，現在進行中の動作を表すもので，「動作持続」の「ている」形と呼ばれる。英語などの進行形に相当するものである。

　このように，日本語の自動詞には，状態変化を表すものと単なる動作のみを表すものの2タイプがあるのだが，これらは，「ている」の意味によって区別することができるのである。前者は

「非対格動詞」,後者は「非能格動詞」と呼ばれる。動詞由来複合語で主語が編入されるのは圧倒的に前者の場合が多い。この節では,以下,非対格動詞において何が起こっているのかを見ることにしよう。

非対格動詞の主語は,非能格動詞や他動詞の主語とは異なる振る舞いを見せる。第8話で「美穂はドレスを赤く染めた」のような,「染める」という動作を行った結果,ドレスが赤くなるという文を見た。「直人は花瓶を粉々に割った」のような文も同じタイプである。この構文は「結果構文」と呼ばれ,「赤く／粉々に」など結果状態を表す表現を「結果述語」と言う。

ここで重要なことは,状態変化するのが「目的語」に限られることである。走った結果フラフラになるとか,壁を塗った結果クタクタになるという状況は日常生活でしばしば起こるが,(11)のように,非能格動詞「走る」や他動詞「塗る」の場合,主語が状態変化するという意味では解釈できない。(11a, b) は,「フラフラになって／クタクタになって」のように言わなければならないが,これは,「なる」という動詞の「て」形を含んでいるので,単文ではなく従属節を含む構文である。

(11) a. *太郎はマラソンコースをフラフラに走った。
　　 b. *花子は壁をクタクタに塗った。

ところが,非対格動詞の場合,(12)などが平気で言えるのである。

(12) a.　花瓶が粉々に割れた。

　　b.　池がコチコチに凍った。

　　c.　夕暮れになって，山の端が赤く染まった。

　非対格動詞の主語が，目的語と同じような振る舞いを見せる現象はほかにもいくつかあり，これを説明するために，この構文の主語は目的語の位置から主語位置に移動するという仮説を立てる。これを「非対格性仮説」と言う。つまり，(13) のような構造を設定するのである。

(13)　[s ＿＿＿ [vp 主語　非対格動詞]]

主語は，移動前の段階では目的語位置にあるので，非対格動詞を例外扱いする必要がなくなるのである。

　主語が移動するなどという話は，最初に聞いたときは驚くかもしれないが，言語には，このような移動を仮定しなければ説明しにくい現象が数多くある。次の章で，受動文主語の移動を見ることにしよう。

　さて，上で述べた観点から動詞由来複合語をもう一度考えると，(9a)（下の (14a)）の主語が，最初の段階では (15) の目的語位置にあることにより，編入が可能になっていることが分かるだろう。

(14) a.　山崩れ，荷崩れ，幕開き，値上がり，雨上がり，地割れ，ひび割れ，時間切れ，タネ切れ，様変わり，

心変わり，水たまり，夜ふけ，休み明け，肩こり，
　　　胸焼け
　b. 雨降り，耳鳴り，胸騒ぎ，地響き

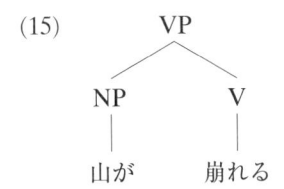

(15)　　　　　　VP
　　　　　　／　　＼
　　　　NP　　　　V
　　　　｜　　　　｜
　　　　山が　　　崩れる

　残る問題は，(14b)で用いているのが非能格動詞であり，この動詞の主語は最初から S に支配された主語位置にあるのに，なぜ編入が可能なのかということである。これらの動詞をどのように捉えるかはもう少し考えてみなければならない。

[参考図書]
　動詞由来複合語について基礎的な知識を得るには，影山太郎『形態論と意味』(1999 年，くろしお出版) の第 8 章が便利である。この本は語構成に関する豊富な話題が満載されている。興味を持った読者は，ぜひ他の章も併せて読んでほしいが，その前に，西光義弘(編)『日英語対照による英語学概論』(増補版，1999 年，くろしお出版) の第 2 章を読むことを薦める。また，影山太郎(編)『日英対照　動詞の意味と構文』(2001 年，大修館書店) の第 9 章も非常に有益である。

第 10 話

「山田さんが,奥さんに逃げられた」

1 二種類の受動文

受動文と聞いてまず頭に浮かべるのは (1a, b) のようなものだろう。しかし，日本語には (1c, d) のようなものもあり，これらは，説明すべきことが多々ある受動文である。

(1) a. 睦がヒロシに殴られた。
　　b. 僕は先生に誉められた。
　　c. 山田さんが，奥さんに逃げられた。
　　d. 僕は教授にアイデアを盗まれた。

(1c) の「逃げる」は自動詞であるが，英語では自動詞の受動文というものはなく，*John was run away by his wife. とは言えない。他方，(1d) の「盗む」は他動詞なのだが，目的語の「アイデアを」が残っており，英語では，目的語を残して *I was stolen my idea by the professor. とは言えない。(1a, b) の受動文に目的語がないことにも注意してほしい。

「ヒロシが睦を殴った」など，対応する能動文がある (1a, b) を「直接受動文」，対応する能動文が設定しにくい (1c, d) を「間接受動文」と言う。ところで，日本語学では，「教授が僕のアイデアを盗んだ」という文から (1d) の「直接受動文」が派生すると考える立場もあるが（この時，(1d) を「持ち主の受身」と呼ぶ），(1a, b) とは異なり，目的語が残ることについて明確な説明が必要だろう。筆者は持ち主の受身は間接受動文であると考えてい

る。さて,この章で考えたいのは,直接受動文がどのような構造をとるかということと,間接受動文において自動詞が可能であり,また,他動詞で目的語が残ってもよいのはなぜかということである。

2 主語の移動

前章で,非対格動詞の主語が目的語位置から移動すると述べたが,実は,直接受動文でも同様の移動が起こっているのである。

まず,直接受動文でも,(2)の結果構文が言えることを見よう。「メチャクチャに/跡形もなく」が結果述語である。

(2) a. 看板が誰かにメチャクチャに壊された。
　　 b. 工場が跡形もなく撤去された。

前章で述べたように,結果述語によって描写されるのは目的語に限られているが,(2)の「看板/工場」は主語である。結果構文としての解釈が可能となるためには,非対格動詞の場合と同様に,「看板/工場」が最初の段階では目的語位置にあるはずである。つまり,(3)のような移動を考えるのである。

(3) [s ＿＿ [vp 誰かに　看板　壊された]]

移動の元の位置で結果構文解釈が得られるのは受動文に限定されない。(4a)は,文中の要素を文頭に移動した構文で,「かき混

ぜ構文」と呼ばれる（元の位置を下線で示す）。語順が比較的自由な日本語の特徴を捉えようとするものである。かき混ぜ構文でも結果構文解釈が得られることを(4b)で確認しておこう。

(4) a. 看板を，誰かが ―― 壊した。
　　b. 看板を，誰かがメチャクチャに壊した。

かき混ぜ構文は，かき混ぜられる要素をSに付加する構文で，(4a)は(5)の構造をとる。「看板を」が，移動前には目的語位置にあるので，結果構文解釈が正しく得られるのである。

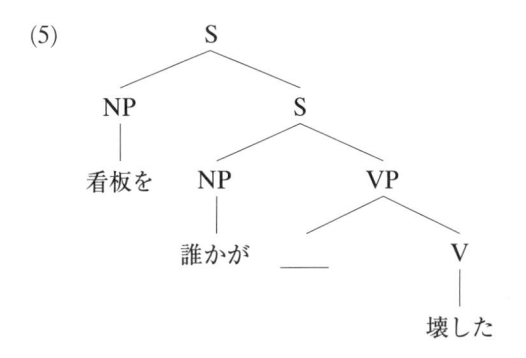

(5)
```
            S
           / \
         NP   S
          |  / \
       看板を NP  VP
              |  / \
           誰かが ―  V
                    |
                  壊した
```

さて，受動文に戻るが，直接受動文は，対応する能動文の目的語を主語とし，主語を「に」あるいは「によって」句に変換する構文であると言われることがある。実際，かつての生成文法でもそのような分析がとられていた。しかし，本書では，このような見方をとっていない。直接受動文は，最初の段階から能動文とは構造が異なっており，前頁の(3)のような構造をとると考える

のである。

(6a, b) の能動文と受動文を見てほしい。

(6) a.　ヒロシが睦を殴った。
　　b.　睦がヒロシに殴られた。

(6a) は，確かに (6b) に意味的に対応しているのだが，「殴る」は他動詞である。それに対して，(6b) の「殴られた」は，自動詞相当であると考えたほうがよい。「に」や「によって」で表される受動文の動作主は，表現する場合も多いが，言語化しなくても受動文が成り立つ。

(7) a.　彼は，暴動に巻き込まれ，(誰かに) 惨殺された。
　　b.　試験終了のベルが鳴り，答案が (試験官によって) 回
　　　　収された。

(7a) では，そもそも誰に殺されたのか分からないので，「誰かに」を入れるのは自然ではない。(7b) でも，答案を回収するのは通常は試験官なので，強調しない限り，「試験官によって」をわざわざ入れる必要はないだろう。

つまり，受動文において主語は必要だが，動作主は必須項ではないということである。項を一つだけとるのは自動詞なので，受動文の動詞は自動詞相当であるということになるわけである。理論的には，ほかに重要な理由があるのだが (参考図書を章末で挙げる)，ともかく，対応する他動詞の能動文から直接受動文を派

生するという方法をとらないことを，ここで確認しておこう。

　他動詞が自動詞相当のものに変換されるのは「られ」の機能による。他動詞は，目的語に対格（「を」格）を与える能力を持っているが，「られ」が付くことにより，対格を与える能力が失われると考える。このことを「格吸収」と言う。(8) での取り消し線は「られ」による格吸収を，×印が付いた矢印は，目的語位置にある受動文主語に格が与えられないことを示している。

(8)　[VP 主語　殴る　＋　られ]
　　　　↑──×─[対格]←─────

直接受動文で格吸収が起こることは，間接受動文の説明において非常に重要な意味を持つので，ここで十分に理解しておこう。

　以上のことを樹形図でまとめておく。主語の移動を矢印で示す。

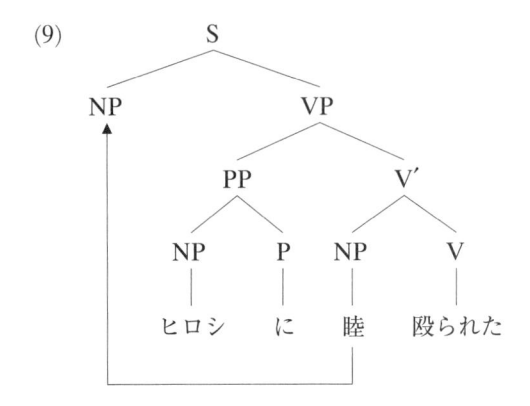

(9)
```
                S
              /   \
            NP     VP
                  /  \
                PP    V'
               /  \   / \
              NP  P  NP  V
              |   |   |   |
            ヒロシ に  睦  殴られた
```

3　音形をとらない動詞

間接受動文の例を，自動詞 (10) と他動詞 (11) に分けて，もう少し挙げておこう。

(10) a.　山田さんが，奥さんに逃げられた。
　　 b.　サッカー場で大雨に降られてまいった。
　　 c.　そんな所に座られては商売の邪魔だ。
(11) a.　僕は教授にアイデアを盗まれた。
　　 b.　私は，担任の先生にひどく息子のことを叱られた。
　　 c.　電車の中で見知らぬ男に頭を殴られた。

前節の (8) で，直接受動文の場合，他動詞に「られ」が付くことによって，対格を与える能力が失われるとした。とすると，他動詞パターンの間接受動文では，動詞に直接「られ」が付いていないという見通しが立つ。このことより，他動詞パターンの間接受動文に対して，次頁の (12) の構造を設定することにしよう。PP の内部構造は省いて示す。主語の移動が起こっていないことも重要な点である。

(12) の構造において，上の VP の中にある V は音形を伴わない抽象的な動詞である。このような V を設定することに対して，最初のうちはピンとこないかもしれないが，下の説明を読めば，次第に納得できるのではないかと思う。また，受動文での「られ」は動詞に付く助動詞的要素だが，間接受動文の「られ」は，上の

抽象的動詞に付くと考える。つまり，他動詞の「盗む」に付いていないので，格吸収が起こらないとするのである。したがって，「盗む」が目的語に対格を与えることになる。

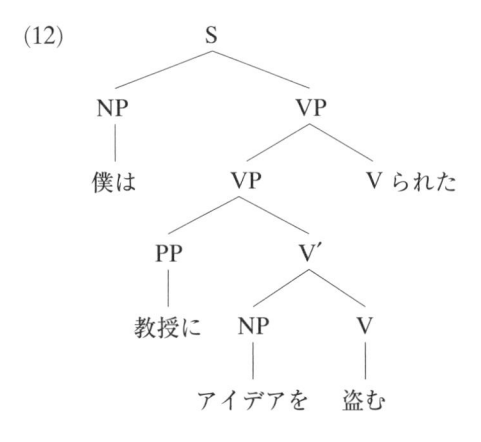

(12)
```
              S
           /     \
         NP       VP
         |      /    \
        僕は   VP     V られた
             /    \
            PP    V′
            |    /   \
          教授に NP    V
                 |    |
             アイデアを 盗む
```

「山田さんが，奥さんに逃げられた」のような自動詞パターンの間接受動文も，(12)から目的語を省けば，これと同じ構造をとる。「られ」が上のVに付いているので，「逃げる」において格吸収が起こることはない。他方，直接受動文に自動詞パターンがないのは，動詞に直接「られ」が付くので，格吸収が起こらなければならないが，吸収すべき対格を与える能力が自動詞にはないからである。自動詞をさらに自動詞化することはできない。「られ」が動詞に直接付く場合，「必ず」格吸収が起こると考えていることにも注意してほしい。

日本語文法では，直接受動文とは異なり，間接受動文には「は

た迷惑」の意味があると言われることが多い。何度も見てきた「山田さんが，奥さんに逃げられた」を例としよう。ここにおいて，逃げるという動作を行うのは奥さんであり，山田さんは，その動作から間接的な被害を受ける人，つまり，はた迷惑を受ける人というわけである。また，このような見方により，日本語学では「僕は教授にアイデアを盗まれた」などを直接受動文と考えることになる。「僕」は，はた迷惑ではなく，直接的な被害を受ける人だからである。しかし，「私は，担任の先生に息子のことを誉められた」という間接受動文で，はた迷惑の意味を感じ取る話し手はいないだろう。

そのような理由から，この章では，意味的な根拠で二種類の受動文を区別するのではなく，格吸収の有無という，純粋に統語論的な根拠で区別することにしたわけである。が，間接受動文がはた迷惑の意味に偏しているのは確かである。この理由については，［参考図書］の最後で挙げる柴谷論文を読んでほしい。

［参考図書］

この章で述べた分析は，三原健一・平岩健『新日本語の統語構造』（2006年，松柏社）の第5章で述べたものである。生成文法の枠組みでの受動文の分析について基礎的な知識を得るには，英語を例文としたものだが，この章の第2節で書けなかった「理論的理由」を含め，中村捷・金子義明・菊地朗『生成文法の基礎』

(1989年,研究社)を見てほしい。日本語を例としたものでは,長谷川信子『生成日本語学入門』(1999年,大修館書店)が便利である。日本語学の分野での意味的分析を知るには,益岡隆志『モダリティの文法』(1991年,くろしお出版)にある「補説1」がよいだろう。また,この章の最後で書いた,間接受動文とはた迷惑の意味の関係については,仁田義雄(他)『日本語の文法1: 文の骨格』(2000年,岩波書店)に掲載されている,柴谷方良の非常に優れた見解を読んでほしい。

第 11 話

「みんな，そうし始めた」

1　二種類の複合動詞

第9話で動詞由来複合語について見た。そこでも述べたように，日本語には動詞が関わる複合語が非常に多いが，この章で検討したいのは，前項と後項が動詞から構成される (1) のような「複合動詞」である。

(1) a. 押し開く，泣き叫ぶ，売り払う，飲み歩く，踏み荒らす，褒めたたえる，震え上がる，沸き立つ，飛び上がる，受け継ぐ，解き放つ，こびり付く，語り明かす，聞き返す，呆れかえる，持ち去る
　　b. 書き始める，しゃべり続ける，払い終える，書き終わる，助け合う，動き出す，数え直す，食べ過ぎる，歩き疲れる，買いそこなう，しゃべりまくる，食べかける，やりかねる，走り抜く，数え上げる，登り切る

(1a, b) は同じ形をしているが，その振る舞いを観察してみると，別の原理に基づいて構成される複合動詞であることが分かる。

まず，「そうする」置き換えを見ることにしよう。「そうする」置き換えとは，たとえば，(2) の後半文において，前半文と重複する表現を「そうする」で換えるものである。

(2)　太郎は大阪大学に出願した。花子も｛大阪大学に出願

した／そうした｝。

(2) では,「出願した」とともに,「大阪大学に」も含んだ形で「そうする」置き換えが適用されている。動詞以外のどのような要素が「そうする」の中に入り得るかについては,興味深い問題があるのだが,ここでは触れないことにしよう。

ここで注意しておいてほしいのは,「そうする」は,動作主が意図的に行う行為を表す表現なので,意志動詞を用いる文にしか使えないことである。非意志動詞を用いた「*花瓶が壊れた。窓ガラスもそうした」などの文は言えない。したがって,次に見る (1a, b) の違いについても,「そうする」で置き換える部分が意志動詞でない場合,このテストを適用することができない。また,主として文体的な理由で,置き換えた表現の落ち着きが悪いことも時に起こるので注意が必要である。

さて,(1a) と (1b) は「そうする」置き換えの振る舞いが異なる。(1a) では前項動詞の置き換えが不可能だが,(1b) ではこれが可能なのである。もちろん,(3) でも,前項動詞と後項動詞をともに置き換えた「山田もそうした」などは言える。

(3) a. 田中係長は夜の町を飲み歩いた。部下の山田も係長と一緒に ｛飲み歩いた／*そうし歩いた｝。

　　b. デモ隊は市庁舎の門を押し開いた。それに続く者たちも警察署の鉄門を ｛押し開いた／*そうし開いた｝。

(4) a. 司会者は時間を無視してしゃべり続けた。アナウン

サーも調子に乗って｛しゃべり続けた／そうし続けた｝。

b. 困難なときはお互いに助け合おう。｛助け合う／そうし合う｝のが友達だ。

次に，主語尊敬形「お...になる」の違いを見よう。「そうする」置き換えと同様に，(1a) では前項動詞のみを尊敬形にすることが不可能だが，(1b) ではこれが可能である。(1a) でも前項動詞と後項動詞全体を尊敬形にすることはできる。全体を尊敬語化したものを丸括弧内に示しておく。

(5) a. *王は奴隷をお解きになり放つだろう。(お解き放ちになる)

b. *先代の財産をお受けになり継ぐのはあなた様しかおりません。(お受け継ぎになる)

(6) a. 王が雉肉をお召し上りになりかけた時，家来が「しばしお待ちを」と言った。(お召し上がりかけになる)

b. お書きになり終えましたら，私めが頂戴致します。(お書き終えになる)

もう一つ，前項動詞のみが受動形になるかどうかを観察しよう。先の二つのテストと同じ結果が得られることが分かるだろう。全体を受動形にしたものを丸括弧内に挙げておく。

(7) a. *工場跡地が売られ払った。(売り払われる)

b.＊受付の人に「えっ？」と聞かれ返した。（聞き返される）
(8) a.　この本もやっと一般の人たちに読まれ始めた。（読み始められる）
　　b.　長時間殴られ続け，毒素が体中に回ったものらしい。（殴り続けられる）

以上のような (1a) タイプと (1b) タイプの違いは，いったい何が原因なのだろうか。

2　語彙的と統語的

　前節の (1a) タイプにおいて，前項動詞のみの「そうする」置き換え・尊敬語化・受動化ができないのは，これらが二つの動詞から構成されているものの，すでに一語化していることを示している。一語化している複合語では，その一部を置き換えたり，内部に他の語を入れたりすることはできない。(9b) は，「ゴミを拾って，それを捨てなさい」のように，「ゴミ」を「それ」で置き換えようとしてもできないことを示している。(10b) は自明だろう。

(9) a.　ゴミを拾って，[N ゴミ箱] に入れなさい。
　　b.＊ゴミを拾って，[N それ箱] に入れなさい。
(10) a.　彼はたぶん [N スペイン人] だろう。

b. *彼は [N スペイン，たぶん，人] だろう。

　人間の言語脳の中には，語が蓄えられている場所があると考えられており，この場所を「レキシコン」と言う。(1a) タイプの複合動詞は，レキシコンの中ですでに一語として登録されているものである。このタイプの複合動詞を「語彙的複合動詞」と言う。

　それに対して，(1b) タイプの複合動詞は，レキシコンの中に一語として登録されているのではなく，そこから「書き」と「始める」などを取り出した後に複合動詞化されるものと考えられる。このタイプの複合動詞を「統語的複合動詞」と言う。「統語的」の意味は下の説明を読んでもらえれば分かるだろう。

　二種類の複合動詞の構造は (11a, b) のようになる。(11a) は前項と後項の V が合わさって一つの V を作る構造である。一方 (11b) は，樹形図で示される統語構造の中で，二つの V に分かれているものである。二つの部分に分かれているので，前項のみの「そうする」置き換え・尊敬語化・受動化が可能なのである。

(11) a.　語彙的複合動詞

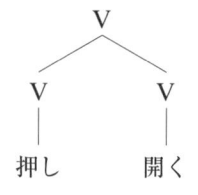

```
      V
     / \
    V   V
    |   |
   押し 開く
```

b. 統語的複合動詞

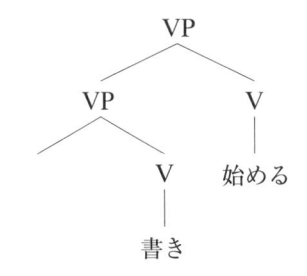

```
        VP
       /  \
      VP   V
      |    |
      V   始める
      |
      書き
```

(11b) でも，前項動詞を後項動詞の位置に移動し，最終的には「書き始める」という複合動詞になるので，全体の「そうする」置き換え・尊敬語化・受動化が可能となる。念のためデータをもう一度確認しておこう。

(12) a. 田中係長は夜の町を飲み歩いた。部下の山田も係長と一緒にそうした。
   b. お書き終えになりましたら，私めが頂戴致します。
   c. この本もやっと一般の人たちに読み始められた。

二つの構造の違いは，前項と後項の間に「は」などが割り込めるかどうかによっても示される。もっとも，(13b) は文体的には多少落ち着きが悪く，「払い終えはしたが」とするほうが自然なので，嫌う話し手もいることだろう。しかし，重要な点は，(13a) がまったく非文であるのに対して，(13b) はなんとか許せる範囲にあるということである。

(13) a. *ドアを力任せに押しは開いたが，中に誰もいなかった。

　　b. ローンをなんとか払いは終えたが，まだほかに借金がある。

3　述語移動

　第2節の (11b) で，「書き始める」という表層の形を作るために，前項動詞「書き」を後項動詞「始める」の位置に移動することについて述べた。(11b) で移動しているのは動詞なので，「動詞移動」と言ってもよいが，下で見るように形容詞なども移動するので，「述語移動」と呼ぶほうがより正確である。

　日本語には，(14) のように，動詞の後に述語が連なるものが多数ある。語幹をはっきり示すにはローマ字書きのほうが便利なので，括弧内にローマ字表記も入れておく。

(14) a.　食べたい (tabe-ta-i)

　　b.　食べたがる (tabe-ta-gar-u)

　　c.　食べたがっている (tabe-ta-gatte-ir-u)

(14a) は，「食べる」に形容詞の「たい」が付いているもので，さらに，動詞の「がる」や「いる」を付けていくと (14b, c) が生じる。(14a) 末尾の -i と (14b, c) 末尾の -u は現在（正確には非過去）テンスを示すものである。また，「がる」は「がって」という

音便形になっている。なお、「いる」は、存在動詞としての元の意味は失われているが、範疇としては動詞で「形式動詞」と呼ばれる。

(14c)を例として、その構造を示しておこう。

(15) [VP [VP [AP [VP (ケーキを) 食べ] た] がって] いる]

このような述語の連鎖は、統語構造の中では別のVPやAPに分かれているが、表層的には一つのまとまりになる必要がある。そのまとまりを作るのが述語移動で、「食べ」を「たい」の位置に、「食べたい」を「がる」の位置に、そして、「食べたがる」を「いる」の位置に移動するのである。では、このような述語移動を仮定する根拠はあるのだろうか。

(16a)のような例を考えてみよう。このような文は、「花子が博美にDVDを送った」などの文から強調したい要素を取り出し、「だ／です」の前に置くもので、「分裂文」と呼ばれる。「だ／です」の前に置く要素を「焦点」と言う。焦点要素をかぎ括弧で示しておこう。

(16) a. いや、昌子にCDをではなく、花子が送ったのは [博美にDVDを] {だ／です}。
 b. *盆踊りに参加したのは [昨夜、12人の留学生] {だ／です}。

分裂文の焦点位置にくるのは、VP／NP／AP／PPなど、一つの

まとまりでなければならない。このようなまとまりを「構成素」と言う。(16b) が言えないのは、分裂文にする前の元の文で、「昨夜、12 人の留学生が」が構成素をなしていないからである。(17) の構造を見てほしい。

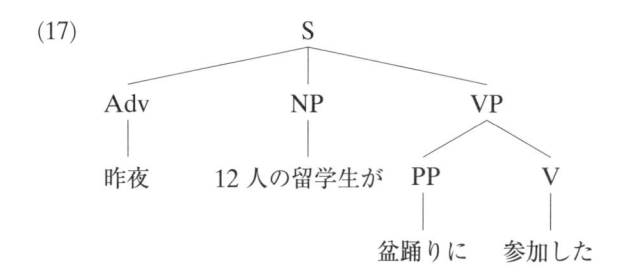

(17)
```
                    S
         ┌──────────┼──────────┐
        Adv         NP         VP
         │          │      ┌───┴───┐
         │          │      PP      V
         │          │      │       │
        昨夜    12 人の留学生が  盆踊りに  参加した
```

「昨夜、12 人の留学生が」は、S から VP を除いた部分なので、一つのまとまりになっていないことが分かるだろう。

　問題は (16a) の焦点要素である。(16a) のかぎ括弧部分は、(18) の構造から V の「送った」を省いた部分なので、「博美に DVD を」は、(16b) の「昨夜、12 人の留学生が」と同様、表面的には構成素をなしていない。なお、「博美に」の NP 表示は、ここでの説明には直接関わらないので便宜上付けたもので、次の章で正確な表示を示す。

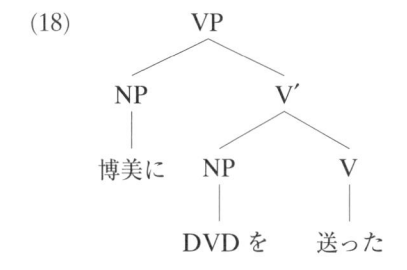

(18)
```
          VP
         /  \
       NP    V'
       |    /  \
      博美に NP   V
            |    |
           DVDを 送った
```

(16a) が言えるということは,「博美に DVD を」が構成素であるということである。そんな不思議なことがあるのだろうか。

 (16a) をよく見ると,「送った」は「花子が送ったのは」という「の」節の中にある。つまり,(16a) は, [VP 博美に DVD を送った] を焦点位置に移動し, 焦点要素から「送った」を取り出したものであると考えられる。要素が取り出された箇所には, 目には見えないが, その要素の跡が残ると考えてみよう。そうすると, (16a) の焦点要素は, 実は (19) の構造を持っていることになる。「△」は「送った」の跡を示す。

(19)　[VP 博美に [V' DVD を [V △]]]

この△を含めると,(16a) の焦点要素が VP という構成素をなしていることが分かるだろう。

 もちろん,「送った」がどこに移動しているのかを述べる必要があるが, 本書のレベルを超えるので, この先の話を知りたい読者は [参考図書] で紹介する文献に取り組んでほしい。

[参考図書]

　この章の第1節と第2節で述べた内容は，全面的に，影山太郎『文法と語形成』(1993年，ひつじ書房) に拠っている。興味を持った読者は，ぜひ原著を見てほしい。ただ，多少高度な内容なので，まず，影山太郎(編)『日英対照　動詞の意味と構文』(2001年，大修館書店) の第10章で地ならしをしてから取り組むのがよいだろう。

　ただし，二つの節で説明した三つのテストが万全ではないという指摘や，そもそも，語彙的複合動詞と統語的複合動詞の二種類に区分するだけでよいのかという問題提議もあり，影山の本が刊行された1993年以降，さかんに議論されている。これらの議論の多くは，未刊行博士論文や専門論文でなされているので，ここでは紹介しないが，由本陽子『複合動詞・派生動詞の意味と統語』(2005年，ひつじ書房) で，これまでの議論の全体像をつかむのが有意義だろう。

　また，この章の第3節で述べた内容は，小泉政利の *Phrase Structure in Minimalist Syntax* (1999年，ひつじ書房) に拠っている。マサチューセッツ工科大学 (MIT) での博士論文を刊行したもので，内容的には高度なので，第1話の [参考図書] で挙げた概説書から始める必要がある。動詞が「どこ」に移動しているのかも，この本を読んで確認していただきたい。

第 12 話

「美穂は直人にチョコレートをあげた」

1 二重目的語構文

この章では, 英語の (1c, d) に対応すると考えられる, (1a, b) の「二重目的語構文」を扱う。「直人に／哲也に」という間接目的語と,「チョコレートを／駅に行く道を」という直接目的語を持つ構文である。

(1) a. 美穂は直人にチョコレートをあげた。
　　b. 博美は哲也に駅に行く道を教えた。
　　c. Jane gave Sam a chocolate.
　　d. Nancy told Bill the way to the station.

(1a, c) は, チョコレートという具体物が主語から間接目的語に渡るタイプで, (1b, d) は, 教えることに伴って言葉が伝達するタイプである。いずれのタイプでも, 間接目的語は, 物や言葉が伝わる「着点」として機能していることをここで確認しておこう。

英語の (1c, d) は, (2a, b) のように to を用いて書き換えられる二重目的語構文で,「与格型」と呼ばれている。

(2) a. Jane gave a chocolate to Sam.
　　b. Nancy told the way to the station to Bill.

英語には, このほかに (3a) のようなタイプがあり, これは for を用いて書き換えられる二重目的語構文で,「受益者型」と呼ば

れる。受益者型と呼ばれるのは，主語の動作により，間接目的語が何らかの恩恵を受けるからである（(4a, b) の日本語文の意味を参照）。

(3) a.　Beth bought David a book.
　　b.　Beth bought a book for David.

英語の与格型は (1a, b) に対応するが，受益者型は，このままの形では日本語に対応せず，(4a, b) のように，「～のために」か「～｛やった／あげた｝」とする必要がある。

(4) a.　太郎は花子のために本を買った。
　　b.　太郎は花子に本を買って｛やった／あげた｝。

(4a) は間接目的語がないので二重目的語構文ではないが，(4b) は，一見，二重目的語構文のように見える。

しかし，「花子に本を買った」が言いにくいので，「花子に」は「買う」が要求する項ではない。これは，「花子に｛やる／あげる｝」のように，後に来る動詞が要求する項である。そして，前の章で述べた「そうする」置き換えをこの表現に適用してみると，(5a) のようになるので，(4b) の構造は (5b) であることになる。

(5) a.　次郎は昌子に本を買って｛やった／あげた｝。太郎も花子にそうして｛やった／あげた｝。
　　b.　[vp 花子に [vp 本を買って]｛やった／あげた｝]

二重目的語構文は，同じ VP の中に間接目的語と直接目的語を持つ構文なので，(4b) は二重目的語構文ではない。つまり，日本語には受益者型がないのである。

2 「に」の範疇と基本語順

まず考えなければいけないのは，前節の (1a, b) が，「直接的に」英語の与格型に対応するのかどうかということである。と言うのも，(1c, d) の Sam/Bill は，NP なので確かに間接目的語と言えるが，日本語の「に」には，「太郎が東京に行った」のような着点を示す後置詞もあるため，表題文での「直人に」が NP なのかどうか，正確に見極める必要があるからである。二重目的語構文の「に」が着点を表すことをもう一度思い出してほしい。また，下の (8), (9) での「に」の脱落については，第 3 話ですでに述べたが，見落とされることが多いので，もう一度繰り返しておこう。

(1a, b) (= 次の (6a, b)) の「に」は，脱落ができないという点において，(7a, b) の後置詞「に」と同じように振る舞うので，NP ではないと考えるのが妥当だろう。NP であるとすれば，「に」は格助詞ということになるが，そうすると，主語と目的語の「が／を」と同様に落してもよいはずだからである。

(6) a. 美穂は直人 {に／*φ} チョコレートをあげたんだよ。
    b. 博美は哲也 {に／*φ} 駅に行く道を教えたよ，確か

に。

(7) a. 昨日はあれから四天王寺{に／*φ}参ったんだよ。
　　b. 急いで，先行部隊{に／*φ}追いつこうぜ。

　第3話で述べたように，「学校{に／φ}行く」などにおいて「に」が脱落できることから，着点を表す「に」は脱落可能とされることが多いが，文例を観察してみると，(7)のように脱落できないものが圧倒的多数である。話し手によって多少の判断の揺れはあると思うが，(8)の表現から「に」を脱落させるのはかなり困難である。もっとも，関西方言の話し手にとっては，「に」を落とせる例もあるかもしれない。

(8) 　洞窟に隠れる／敵陣に突入する／向こう岸に渡る／犯人のアジトに近づく／先生に会う／椅子に座る／麓に下る／駅前に集まる

後置詞の「に」は脱落できないと一般化しておいてよいだろう。
　以上のことから，日本語の二重目的語構文における「に」は後置詞であり，したがって，「間接目的語」の範疇はPPであると結論付けたい。つまり，(9)の構造をとるということである。PPが直接目的語より上にあることについては，第1話の第3節をもう一度見てほしい。

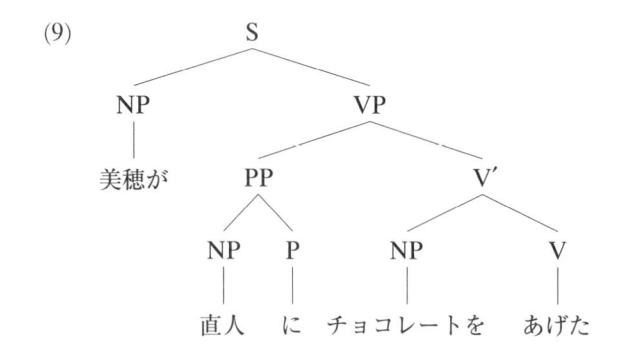

(9)
```
                S
              /   \
            NP     VP
            |     /  \
           美穂が PP   V'
                /\    /\
               NP P  NP  V
               |  |  |   |
              直人 に チョコレートを あげた
```

　ここで，もう一つ考えなければいけないのは，日本語の二重目的語構文の基本語順が「〜に〜を」なのかどうかということである。と言うのも，日本語は語順が比較的自由で，実際，(10a, b) のいずれも言えるからである。

(10) a.　美穂は直人にチョコレートをあげた。
　　 b.　美穂はチョコレートを直人にあげた。

「間接目的語」が PP であるとすれば，(10b) は，一見，英語の Jane gave a chocolate to Sam. に対応しているように見える。では，(10a) と (10b) はどのような関係になっているのだろうか。次に示す事実を考えると，(10a) の「〜に〜を」が基本語順であり，これが Jane gave Sam a chocolate. に対応すると考えるのが妥当であることが分かる。

　日本語には (11) のような複合語がある。これらは，「台風が接近する」や「原稿を執筆する」などの表現から「が／を」と「す

る」を落とし，複合語化したものである。

(11) a.　台風接近，首相訪米，教授退官
　　 b.　原稿執筆，意見聴取，論文投稿

この複合語の特徴は，複合語化される二つの要素が，語順的に隣接している必要があることである。(12a) の文から「原稿執筆」を作ることはできるが，主語を複合語化することはできない。

(12) a.　投稿者が原稿を執筆する際には...
　　 b.　原稿執筆の際には...
　　 c.　*投稿者執筆の際には...

さて，この観点から二重目的語構文を見ることにしよう。ただ，このタイプの複合語で自然な例を作るには，漢語サ変動詞を用いる必要があるので，次の例でも，「送る」ではなく「贈呈する」を用いる。

(13) a.　会長は入賞者に記念品を贈呈した。
　　 b.　入賞者に記念品贈呈の際には...
　　 c.　*記念品を入賞者贈呈の際には...

(13a) の文自体は,「入賞者に記念品を」でも「記念品を入賞者に」でも構わないのだが，(13b, c) から,「を」句が「に」句より動詞に近い位置にあることが分かる。つまり,「〜に〜を」が基本語順であるということである。

(10b)の語順は「チョコレートを」をかき混ぜることによって生じる。念のため構造を書いておこう。かき混ぜた直接目的語をVPに付加した構造である。下線部は直接目的語の元位置を示す。

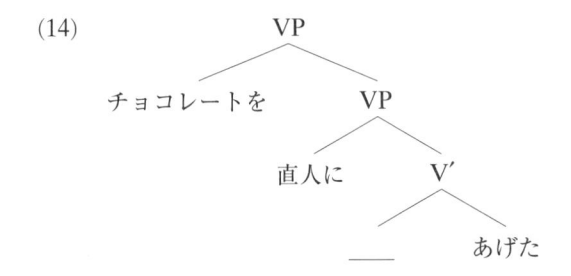

(14)
```
            VP
           /  \
   チョコレートを   VP
               /  \
             直人に  V'
                   / \
                 ___  あげた
```

3　与格所有者

第2節で，日本語の二重目的語構文における「間接目的語」はPPであると結論付けた。そうすると，間接目的語がNPである英語の二重目的語構文とは「直接的に」対応しないことになり，日本語には二重目的語構文がないのかという問題につながっていく。以下，この問題を考えてみることにしよう。

第1節で述べたように，二重目的語構文での「に」句は，物や言葉が到着する着点として機能している。つまり，この「に」句は物や言葉の受け取り手であるので，「所有者」と呼ぶことにしよう。以下で言いたいことは，問題の「に」句がPPであり，かつ項であるということである。

日本語においてPPが項として機能するのは二重目的語構文に限られない。たとえば，与格主語構文である。

(15) a. <u>僕に</u>は君の気持ちがよく分かる。
   b. <u>私に</u>は妻があります。

この「に」句が主語であるのは主語尊敬形の事実から分かる。

(16) a. 田中先生には学生の気持ちがよくお分かりになる。
   b. 田中先生には那須に別荘がおありになる。

ちなみに，「～におかれましては」といった長い句も，主語として機能することができる。

(17) 田中先生におかれましては，益々ご健勝のことと拝察致します。

以上のことを考えると，二重目的語構文における「に」句は，PPが項（与格所有者）として機能するものだと言えるだろう。つまり，英語のように間接目的語がNPとはならないものの，「美穂は直人にチョコレートをあげた」のような文を，日本語の二重目的語構文と認定したいということである。

もちろん，与格主語構文とは異なり，二重目的語構文での「に」句は主語ではないが，この構文の意味構造を考えると，このレベルでは主語に準じるものと考えてよいと思われる。二重目的語構文の意味構造は，間接目的語が直接目的語を所有するという出来

事を，主語が引き起こすというものである。この章の表題の文で言うと(18a)のような意味構造になる。(18b)で一般化した意味構造を示しておこう。CAUSEは「引き起こす」，HAVEは「所有する」と読んでほしい。

(18) a. 美穂　[直人　チョコレート　所有する]　引き起こす

　　 b. 主語　[間接目的語　直接目的語　HAVE]　CAUSE

(18)では，かぎ括弧で示した出来事において，間接目的語を主語に準じるものとしていることを理解していただきたい。

[参考図書]

　この章で述べた内容は，三原健一『アスペクト解釈と統語現象』(2004年，松柏社)の第3章に基づいている。また，第2節で紹介した「原稿執筆」などの複合語に関する議論は，三宅知宏による1996年の論文を参考にしたものである。三宅の論文を含め，より詳しいことについては，上記の拙著をご覧になっていただきたい。

　二重目的語構文に関する基礎的な知識を得るには，影山太郎(編)『日英対照　動詞の意味と構文』(2001年，大修館書店)の第5章が便利である。第3節の最後で述べた「意味構造」についても，「概念構造」という名前で詳しく説明されている。

ただ，この章では割愛したが，「に」句が与格所有者であるという点については多少の注意が必要である。なぜなら，「太郎は花子に手紙を送ったが，なぜか届かなかった」や「私は上司に計画案を説明したが，理解してもらえなかった」のように，物（手紙）や言葉（説明内容）を所有するに至らなかった場合でも言えるからである。これは，英語の場合と異なる点なので，興味ある読者は上記の拙著を見ていただきたい。

第13話

「そのことを，私は今でもよく覚えている」

1 かき混ぜ文

本書のいくつかの章で，表題のような「かき混ぜ文」をすでに見てきたが，その際に，要素をSやVPに付加するとだけ述べてきた。この章では，まず，それらの位置に付加する根拠について説明したい。次に，文と先行文脈の関わりについて，かき混ぜ文を題材として話すことにしよう。

かき混ぜ文には (1a-c) の三つのタイプがある。(1a) は要素を単文の文頭に移動するタイプで「短距離かき混ぜ文」と呼ばれる。(1b) は，従属節内の要素を主節の文頭に移動するタイプで，「長距離かき混ぜ文」と呼ばれる。そして (1c) は，VP内にある要素をVPの左に移動するタイプで，「動詞句内かき混ぜ文」と呼ばれる。いずれも付加構造をとるものである。要素の元位置を下線で示しておこう。

(1) a. [s そのことを [s 私は今でも ＿＿ よく覚えている]]
  b. [s 犯人らしき男を [s 喫茶店の主人が [s うちの店員が駅前で ＿＿ 見た] と言っている]]
  c. おばさんが [VP お菓子を [VP 僕に ＿＿ 持ってきてくれた]]

(1b) は，「犯人らしき男」にかなりの強調を置かないと多少不自然かもしれないが，十分な強調を置く場合には言えるだろう。

世界の諸言語の中には，日本語以外にもかき混ぜ文を持つもの

があるが，短距離かき混ぜ文のみ許し，長距離かき混ぜ文を持たない言語がかなりある。そのことをはじめとして，長距離かき混ぜ文には特殊な点もいくつかあるので，以下では，主として短距離かき混ぜ文について見ることにしよう。動詞句内かき混ぜ文については後に少し述べる。

短距離かき混ぜ文は要素をSに付加した構造をとる。このような操作を行う理由は (2) から分かる。

(2) a. *彼が山田の原稿を出版社に売り込んだらしいぞ。
   b. 山田の原稿を，彼（本人）が出版社に売り込んだらしいぞ。

(2a) では，「彼」と「山田」が同一人物であるという解釈はできないが，「山田の原稿を」をかき混ぜた (2b) では，同一人物の解釈が可能だろう。「彼」だけでこの解釈が得られにくい人は，「彼本人」と言い換えてもらっても構わない。

(2a) の「彼」は主語位置にあり，VP 内にある「山田の原稿」は，「彼」より下の位置にある。代名詞には，それを指す人物より高い位置にあるとき，同一人物の解釈が得られないという特質があった（第1話参照）。それに対して，(2b) では同一人物の解釈が可能なので，「彼」が「山田の原稿」より低い位置にあることになる。このことを保証するには，(2b) に対して，次頁の (3) の構造を設定すればよい。

なお，付加構造には，文脈が許せば何度でも付加できるという

特徴がある。(2b) でも、「山田の原稿を、出版社に、彼（本人）が売り込んだらしいぞ」は可能だろう。

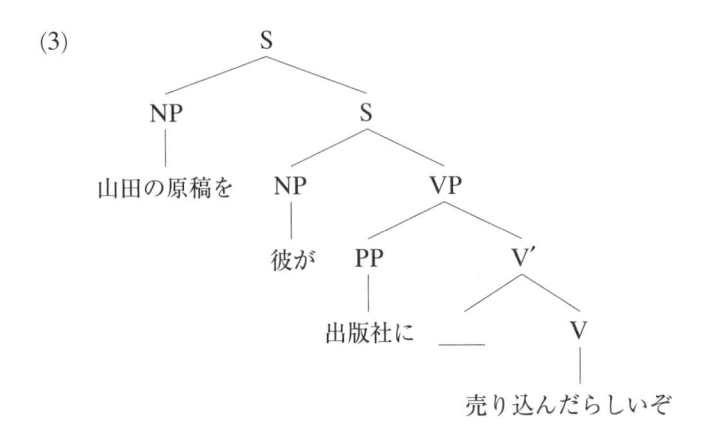

(3)
```
              S
            /   \
          NP     S
           |    / \
      山田の原稿を NP  VP
              |  /  \
             彼が PP   V'
                 |   / \
              出版社に ___ V
                        |
                    売り込んだらしいぞ
```

同様のことが (1c) についても言える。(4a) では、「彼女」と「昌子」を同一人物として解釈することができないが、かき混ぜた (4b) ではこれが可能である。(5) の構造で確認してほしい。

(4) a. *三郎が彼女に昌子の財布を返した。

　　b. 　三郎が昌子の財布を彼女に返した。

(5) 　三郎が [VP 昌子の財布を [VP 彼女に ___ 返した]]

2 かき混ぜ文と談話

かき混ぜ文に限らないが、語順を変更する操作には、変更する理由が必ずあるはずである。かき混ぜ文は、何らかの強調のため

に要素をSやVPの左に移動する構文である。他方，(6)のような「後置文」は，言わなくても分かると思った要素を，念のため文末に置く構文である。

(6) a. 僕，美穂からもらったんだよね，チョコレートを。
b. それが，来たんだよ，直人が。

かき混ぜ文で左に移動する要素，後置文で文末に置く要素には共通点がある。いずれも，それらの文に先行する「談話」（「文脈」と言ってもよい）の中に，表題文での「そのこと」や，(6a, b)での「チョコレート／直人」に関する話題がすでに現れているはずだということである。

何も文脈がない状態で，「中古車を，太郎は買ったんだ」というかき混ぜ文や，(6a, b)の後置文は言わないだろう。

ただ，動詞句内かき混ぜ文は多少微妙である。

(7) おばさんが，お菓子を，僕に持ってきてくれたよ。

(7)は，何も文脈がない状況でも言えるような気もするが，おばさんが何かを持ってきたということが，話し手と聞き手の間で了解されていない状況では落ち着きが悪いような気もする。

さて，表題の文に，あえて「その」という語を加えていることに注意してほしい。言うまでもないが，「この／その／あの」などの指示詞は，それが指すものが先行文脈に現れていることを示す。このことを背景にして次の一連の文を考えてみよう。

今,地酒の話で盛り上がっているとしよう。この時,新潟県の地酒である「久保田」をかき混ぜた (8a) や,その地酒の生産地である「新潟」をかき混ぜた (8b) は適格であるが,(8c) のように言うのは不自然だろう。なお (8c) は,グラス一杯の値段が話題になっている場合は,もちろん適格である。

(8) a.　久保田を,僕は新潟で飲んだけど,おいしかったよ。
　　 b.　新潟で,僕は久保田を飲んだけど,おいしかったよ。
　　 c.　*グラス一杯800円で,僕は(新潟で)久保田を飲んだけど,おいしかったよ。
　　 d.　僕は新潟で久保田を飲んだけど,おいしかったよ。

(8d) のように,かき混ぜ文を用いずに言うことも可能だが,この文は,先行文脈とのつながりが希薄であるように感じるだろう。むしろ,「久保田」や「新潟」に関する談話が,この文から始まるような印象を受ける。

　次に,先行談話で強勢を受ける要素を考えてみよう。強勢を受ける要素は,その後に続く文で話題の中心になることが多い。(9) において,「上野駅で」を強調して発音するとき(下線で示す),(9a) は自然だが,(9b) は非常に奇妙な感じがする。

(9)　えっ,太郎が<u>上野駅で</u>福田首相を見かけたんだって？
　　 a.　うん,<u>上野駅で</u>,太郎が福田首相を見かけたらしいよ。

b. *うん，福田首相を，太郎が上野駅で見かけたらしいよ。

対比される要素も同様の振る舞いを見せる（これも下線で示す）。(10) では，ウェンディーズとマクドナルドが対比されており，このどちらかが後に続く文で話題の中心になることが多い。これら以外の要素をかき混ぜた (10b) は不自然に響く。

(10) 尚子は，<u>ウェンディーズ</u>ではハンバーグを食べるけど，<u>マクドナルド</u>では食べないそうだよ。
　　a.　マクドナルドでは，僕もハンバーグを食べないよ。
　　b. *ハンバーグを，僕もマクドナルドでは食べないよ。

生成文法では，これまで談話を論じることがあまりなかったが，語順の変更を伴う文の場合は特に，この観点を抜きにして論じるのは生産的でないと思う。

小説から実例を集めてみると，かき混ぜ文が，次の (11)，(12) のいずれかのタイプに集中していることに気付く。下の例は林真理子の『短篇集』からとったものである。

(11) a.　淳子は突然，発作のようなせつなさが押し寄せてきて，思わず幼女を抱きしめた。おかっぱ頭に頬を埋めると，強い耳垢のにおいがした。<u>これとは全く違う体臭を持つ人間のことを</u>，淳子は思い出している。
　　b.　五メートルほどの前を泳いでいる足のたてる水泡が，

　　　　　ゆっくりとこちらに漂ってくる。<u>それを死体のよう</u><u>に</u>，ただからだを浮かしながら美和子は見る。
(12) a. 青と黄色の花模様のパジャマが，畳んで置かれている。<u>淳子が高校時代に使っていたものはなんでも</u>，静代がきちんととっておいてくれている。
　　 b. その日の体調や気温によっても違う。もし大瓶を開けて，飲み切れなかったらもったいない。<u>中瓶も用</u><u>意するようにと男は女に言うのだ</u>。

(11)では，かき混ぜられる要素に指示詞が付いており，「これ／それ」などは，明らかに先行談話と関連性を持っている。他方，(12a)の下線部分「なんでも」は，「青と黄色の花模様のパジャマ」と関連しているし，(12b)の「中瓶」も「大瓶」と関連するものである。

　以上の観察から，かき混ぜられる要素が，先行談話中にある要素と何らかの関連を持つことが分かる。つまり，少し強い主張をしておくと，先行談話と関連する要素のみがかき混ぜられるということである。では，談話の構造はどのようになっているのだろうか。

3　談話の構造？

　談話の構造については，実はまだよく分かっていない。談話と

第13話 「そのことを，私は今でもよく覚えている」　155

言うからには，少なくとも二文以上からなるまとまりだが，どのようなまとまりを談話と規定するかは，なかなか困難な問題である。直感的に言えば，ある話題について述べられているまとまりが一つの談話を構成し，話題が変われば別の談話を構成することになる。しかし，一つの話題だけで談話が構成されることは，むしろまれで，その談話の中に別の話題が割り込むことは，日常会話でも書き言葉でも頻繁に起こる。日本語教育の分野において，たとえば会話分析などでは，もちろん談話という単位が重要になる。しかし，上で述べた理由で，談話を科学的に規定するのは困難とせざるを得ない。

　この本が基盤としている生成文法理論という枠組みは，言語を科学的に分析するという手法をとっている。科学的に分析するには「単位」の設定が必須である。談話の単位というものが科学的に設定しにくい現状において，生成文法が談話の分析にあまり熱心でなかったのは，ある意味では当然の成り行きだったと言える。しかし，言語が一つの文だけで成り立つわけではなく，この章で述べてきたように，語順の変更を伴う文を考えるにあたっては特に，談話を考慮に入れなければ「本当のこと」は分からない。

　が，1990年代末頃から，遅まきながら，生成文法においても科学的な談話の研究が試みられるようになった。その詳しい内容は，この本が意図しているレベルを超えるのでここで述べるのは避けたいが，［参考図書］で文献を紹介することにしよう。

非常に概略的に言えば，談話は (13) のように構成される。E は便宜上の名前だが，とりあえず Expression の頭文字とでもしておこう。

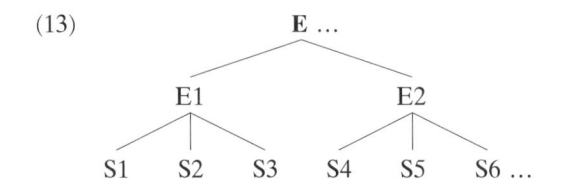

(13)
```
              E ...
           /       \
         E1         E2
       / | \      / | \
      S1 S2 S3  S4 S5 S6 ...
```

　S のまとまりである E が，さらにいくつかまとまり，ブロック体で示すより大きな **E** としてまとまっていく。(13) を示すだけでは，大したことは何も言っていないことになるが，たとえば，S2 がかき混ぜ文であるとしよう。要素がかき混ぜられるためには，その要素と関連するものが S1 (あるいはそれ以前の文) 内になければならない。生成文法では，要素が移動するときには，移動する「理由」が必ずなければならないと考える。たとえば，かき混ぜ文では，S1 内の要素が持つある特性 (これを「素性」と言うことがある) が，S1 と E1 の間にある，(13) では示していない範疇に受け継がれ，その特性 (素性) が，S2 においてかき混ぜを引き起こすと考えるのである。

　[参考図書] の最後で紹介する文献を出発点とするいくつかの研究は，かき混ぜ文や疑問文，あるいは主題文など，談話が関わる構文において存在すると予測される，このような「未知の範疇」の構造を明らかにしようとする試みなのである。この路線をとる

研究が，よりはっきりした姿を見せるには，もう少し時間がかかりそうである。

[参考図書]

　この章で述べた内容は，何度か挙げてきた三原健一・平岩健『新日本語の統語構造』(2006年，松柏社) の第3章に基づく。語順の変更を伴う構文には，ほかに「太郎が買ったのは中古車だ」のような分裂文もあるが，分裂文と談話構造の関係については，砂川有里子『文法と談話の接点』(2005年，くろしお出版) が非常に有益である。

　第3節で述べた「未知の範疇」の探求は，「地図製作計画 (cartography project)」と呼ばれ，Liliane Haegeman (編) *Elements of Grammar* (1997年，Kluwer Academic Publishers) に収められている Luigi Rizzi の論文に始まる。例文は主としてイタリア語で，かつ非常に高度な内容だが，文法と談話の接点に興味がある人は必ず読むべき文献である。

第 14 話

構造から日本語を見る

1 「自分」

本書では，構造の観点から日本語を見ると，意味だけを考えていたのでは得られない「新しい発見」があることを述べてきた。筆者は，この方法が非常に有益であると信じているのだが，生成文法のこれまでの道のりを振り返ってみると，構造化するにあたって，間違いを犯してきた点もあることを反省しなければならない。この章では，伝統的な生成文法において頻繁に行われてきた，「自分」という表現の振る舞いを証拠として，日本語の構造を設定することが誤りであったことを示したい。

第10話で（他動詞の）間接受動文の構造を (1b) のように設定した。(1b) は，VPが二階建てになっているが，単文の構造を示している。

(1) a. 僕は教授にアイデアを盗まれた。

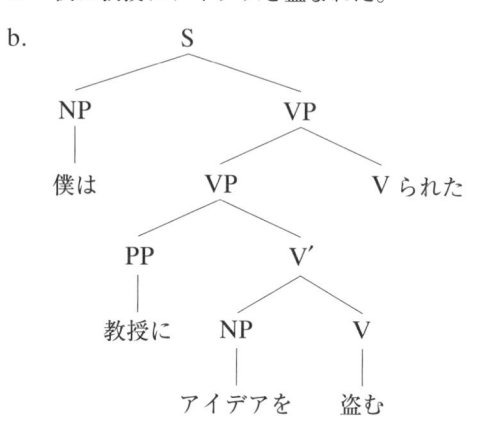

b.
```
                    S
                   / \
                  NP  VP
                  |   / \
                 僕は VP  Vられた
                    / \
                   PP  V'
                   |   / \
                  教授に NP  V
                        |   |
                      アイデアを 盗む
```

しかし，伝統的な生成文法では，(2)での「自分」が二とおりに解釈されることから，間接受動文は，Sの埋め込みを持つ(3)のような構造であるとされてきた。(2b)を例としよう。なお，「られ」を上のSのVとしていることにも注意してほしい。

(2) a. 太郎は弟に自分の部屋に逃げ込まれた。
　　 b. 太郎は弟に自分の絵筆を使われた。

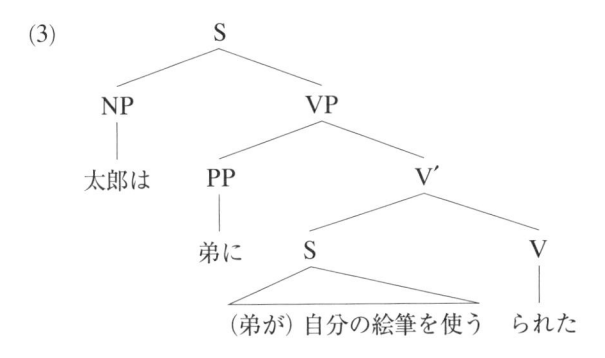

(3)
```
              S
           /     \
         NP       VP
              /        \
      太郎は  PP         V'
              |       /      \
             弟に    S         V
                 △
         (弟が)自分の絵筆を使う  られた
```

(3)における下のSの三角表示は，Sの内部構造を簡略化していることを示している。また，下のS内にある(弟が)という表記は，表面には現れない，埋め込み文中の主語を示している。

(2a, b)での「自分」は，「太郎」を指すこともできるが，「弟」を指すことも可能である。もっとも，筆者の判断では，「太郎」を指す解釈のほうが幾分強いと思われる。伝統的には，「自分」には次の二つの特徴があるとされてきた。「自分」が指すものを「先行詞」と呼ぼう。

(4) a. 「自分」は主語を先行詞とする。

b. 「自分」は短距離・長距離の先行詞が可能である。

(4a, b) はそれぞれ (5a, b) に基づくものである。

(5) a. 太郎は花子に自分の財布を渡した。

b. ［太郎は［花子が自分を過大評価している］と思っている］。

(5a) では,「自分」の先行詞として, 主語の「太郎」は可能だが「花子」は無理である。また (5b) では,「自分」の先行詞として,「太郎／花子」の両方が可能である。ここで再び, 筆者には「太郎」の解釈のほうが幾分強いと感じられる。「自分」と同じ節内にある「花子」を「短距離の先行詞」, 別の節内にある「太郎」を「長距離の先行詞」と言う。いずれの場合でも,「太郎／花子」が主語であることに注意してほしい。

(2a, b) の間接受動文において,「自分」の (長距離の) 先行詞が「太郎」である場合は問題ないが,「弟に」は主語ではない。そこで, (4a, b) の原則を保持したままで (2a, b) を説明するために, 埋め込み文を設定し,「弟」は, その埋め込み文の主語であるとするわけである。

論理的な分析ではある。が, ここで問わなければならないのは, (4a) の原則が本当に正しいのかということである。次の節では, これが正しくないことを示したい。

2 視点

まず，次の (6a, b) を観察しよう。

(6) a. ああ，それは自分が書いたものです。
  b. 彼は [自分が年の割には物を知った気のきいた人間だ] と思っていた。それなのに，何故，自分は彼女の存在を許すことが出来ないのだろう。

(6a) は，話し手が自身を「自分」と述べているものだが，文中に「自分」の先行詞がない。(6b) は小説からとった実例で，最初の「自分」については，主節主語の「彼」が長距離の先行詞となっているので問題はない。しかし，二つ目の「自分」は，(6a) と同様，同じ文中に先行詞を持たないのである。(6) の事実を，前節での (4a) の原則で説明するのは困難だろう。

さらに，(7) のような事実はよく知られており，「憂鬱にする／苦しめる」など，「心理動詞」と呼ばれる動詞タイプにおいて起こると言われている。ただ，下の (9) の例での「心に残る／誇りだ」などを考慮すると，もう少し幅広く「心理表現」とするほうが正確である。

(7) a. 自分の論文が先生に批判されたことが太郎を憂鬱にした。
  b. 花子が自分を嫌っていることが太郎を苦しめた。

(7a) の「自分」は,「太郎」を先行詞とする解釈が可能だが,「太郎」は目的語であり主語ではない。他方 (7b) の「自分」は,「花子」を先行詞とする解釈のほうは問題ないが,「太郎」を先行詞とする解釈では,再び「太郎」が目的語であり (4a) の原則に反している。(4a) の原則を保持した上で,(7a, b) などの文を説明する分析も提案されてはいるが,かなり問題のある分析なので,興味ある読者は［参考図書］のうち最初に挙げる文献で確認してほしい。

 (7a, b) の文をよく観察してみると,主語がいずれも「こと」となっており,「自分」がこの節内に含まれていることに気付く。図式化すると (8) のようになる。

(8) ［... 自分 ...］ことが太郎を｛憂鬱にした／苦しめた｝

(9) のように,「こと」が用いられていない文もあるが,(9a) の主語は「不出来」という「コト」を表す主名詞を含む NP であり,(9b) の主語は,「息子」となっているものの,「息子のこと」という意味である。

(9) a. 自分の公演の不出来がいつまでもマイケルの心に残った。
  b. 自分の息子がフランクの誇りだった。

したがって,より一般化すると,主語が人間ではなく「コト」である場合ということになる。このとき,なぜ,「自分」の先行詞

が主語でなくてもよいのだろうか。

　心理表現を用いるとき，その表現は必ず誰かの心理を表している。(7), (9) の例では「太郎／マイケル／フランク」の心理である。文で述べられる内容は，話し手の観点から描写されるか，あるいは，その文の登場人物の観点から描写されるかのどちらかである。これを「視点」と呼ぶことにしよう。(7), (9) の文は「太郎／マイケル／フランク」の視点から描写された文だと言えるのである。主語の「コト」が，当然ながら視点を持たないことに注意してほしい。

　主語が人間である場合，(10) のような現象が起こる。いずれも，「自分」=「田中さん／佐藤課長」と解釈しようとしても，まったく意味不明の文である。

(10) a. *自分を憎んでいるヤクザが田中さんを悩ませている。
　　 b. *自分の才能をねたんでいる上役が佐藤課長を苦しめた。

上例での「ヤクザ／上役」は，主語なので，これらの文は「ヤクザ／上役」の視点から描写されたものである。ところが，心理表現を用いていることにより，「田中さん／佐藤課長」も「ヤクザ／上役」とは別の視点を持ち得る。(10a, b) が非文なのは，二つの異なる視点が相容れないからだと考えられる。

　さて，上の議論から，「自分」の先行詞になるのは，視点を持つ人物であるという一般化が可能になってくる。つまり，前節で

の (4a) の原則は誤りであるということである。より正確に言えば,事実の半分だけを見て設定した原則だということである。「半分」と言うのは次の理由による。

前節の (5) (= (11)) をもう一度見ることにしよう。

(11) a.　太郎は花子に自分の財布を渡した。
　　 b.　[太郎は [花子が自分を過大評価している] と思っている]。

(11a) の文は,主語の「太郎」の視点から描写するか,小説などでしばしば見られるように,話し手 (書き手) が登場人物の「太郎」に感情移入して描写するかのいずれかである。いずれにせよ,「太郎」が視点となっており,「花子」の視点から描写されたものではない。他方 (11b) では,従属節の視点は「花子」にあり,主節の視点は「太郎」にあるので,そのいずれもが「自分」の先行詞になることができる。ただ,文全体の視点は主節主語にあるとするのが自然なので,「自分」の先行詞として「太郎」の解釈のほうが強いと感じる話し手がいるのだろう。

　以上のことを総合すると,文の主語が視点を持つのが通常であるため,「自分」の先行詞は主語であると言われてきたということになる。しかし,上で述べたように,心理表現を用いた文では,主語以外の,視点を持つ人物が「自分」の先行詞となることができるので,(4a) の原則は事実の半分しか見ていないということになるのである。(4a) を,「自分」に関する「主語先行詞条件」

として捉えるのではなく,「視点先行詞条件」として捉えれば,正しい原則であると言える。

3 事象

　前節の議論から,「自分」の振る舞いを証拠として,間接受動文に埋め込み文を設定するのは間違いであることが分かるだろう。大きな問題は,生成文法でのこれまでの分析では,間接受動文ばかりでなく,使役文やその他の構文に対しても,「自分」を用いた同様の議論がなされてきたことである。このような状況はどうしても改善しなければならない。

　間接受動文に対して,埋め込み文を設定するのが誤りであることは,次の例からも分かる。

(12)　花子は太郎に自分のベッドの上で髪の毛を切られた。

切られたのが花子の髪の毛である場合,「自分」の先行詞は「花子」としか解釈できない。ところが,切られたのが太郎の髪の毛である場合,「自分」の先行詞は,「太郎」とも「花子」とも解釈できる。間接受動文に埋め込み文を設定する分析では,前者の場合には埋め込み文がないが,後者の場合はあるという,首尾一貫しないことを言わなければならないのである。

　(12)の例は,花子の視点から文を描写する場合と,太郎の視点から文を描写する場合で,「自分」の先行詞が異なることを

はっきりと示している。しかし，太郎の視点から (12) の文を描写するとは，いったいどういうことなのだろうか。「に」で示される動作主があっても，直接受動文の (13) では，「自分」の先行詞は主語としか解釈できない。

(13) 被害者は強盗に自分の部屋で殺されたようだ。

このことは，直接受動文では出来事が一つしか起こらないが，間接受動文では，出来事が二つの場合と一つの場合があるという問題につながっていく。文が表す出来事を「事象 (event)」と言うことが多い。

直接受動文の (13) では，強盗が被害者を殺すという事象において，被害者はこの事象に直接的に関わる人物である。つまり，事象が一つである。それに対して，間接受動文の (12) では，切られたのが花子の髪の毛である場合，花子は事象に直接的に関わる（切られるという動作を直接受ける）ので，事象は一つである。一方，切られたのが太郎の髪の毛の場合，当然ながら太郎は事象に直接的に関わる人物であるが，花子も，この事象に間接的に関わる。つまり，太郎がベッドの上で髪の毛を切り，一緒に暮らしている花子が，部屋が汚れるので迷惑を受けるという意味が感じられるだろう。ここには事象が二つあることが理解されると思う。

このように，「自分」の先行詞は，単に埋め込み文を設定する（あるいはしない）ことで解決される問題ではなく，「視点」と

「事象の主体」という観点などから説明すべき問題なのである。視点や事象の主体は，統語構造のみでは決まらず，意味や状況などを総合して決まるものである。本書では，構造から見える日本語文法の話をしてきたが，構造を過信しすぎることは，時に危険であることを忘れてはならない。生成文法における「自分」の不幸な扱いは，このような危険性をはっきりと示していると反省しなければならない。

[参考図書]

この章の内容は三原健一・平岩健『新日本語の統語構造』（2006年，松柏社）の第2章に基づいている。古典的生成文法での「自分」の扱いについては，井上和子『変形文法と日本語・上』（1976年，大修館書店）を見てほしい。

第2節での視点の話は，久野暲『談話の構造』（1978年，大修館書店）に拠っている。また，心理動詞，広くは心理表現での「自分」の振る舞いは，柴谷方良（編）*Syntax and Semantics 5: Japanese Generative Grammar*（1976年，Academic Press）に掲載されている，Noriko Atatsuka McCawley の論文で観察されているものである。第3節での事象の話は，上の本の編者である柴谷方良が，仁田義雄（他）『日本語の文法1: 文の骨格』（2000年，岩波書店）で発表した論文による。(12)の例も柴谷によるものである。

索　引

1. 日本語はあいうえお順で，英語で始まるものはABC順で最後に一括した。
2. 〜は見出し語を代用する。
3. 数字はページ数を示す。

[あ行]

アステリスク(*)　7
与格型(二重目的語構文)　136-138
イ形容詞　51
意味構造　144

[か行]

「が／を」の交替　71-77
かき混ぜ文　115-116, 148-157
格　30-31
格吸収　118, 120-121
格助詞　29
格助詞脱落　24-34, 53-54
価値判断の副詞　19-20
関係節　88-92
漢語サ変動詞　24, 77, 141
間接受動文　114, 119-121

形式動詞　131
形容詞句(AP)　43
結果構文　109, 115-116
結果述語　109, 115
言語脳　106, 128
言語能力　106
語彙的複合動詞　128
構成素　132-133
後置詞　29
後置詞句(PP)　30
後置文　151

[さ行]

最初の枝分かれ　9-10, 67
先触れ機能　80
作用域　64-68, 74-77, 79, 82
事象　19, 168-169
視点　163-169
視点先行詞条件　167

思念的把握　60
支配される　17-18
「自分」　160-169
受益者型(二重目的語構文)　136-138
主格目的語構文　70-84
　(〜の)単純形　71-72
　(〜の)複合形　71-74, 78
樹形図　3-10
主語先行詞条件　166
主語尊敬形　41, 72-73, 126, 143
述語移動　130-131
受動文　114-121
主要部　31
主要部内在型関係節　88-98
真偽判断の副詞　20
心理動詞　163
心理表現　163, 165-166
数量詞　64-68
生成文法　58, 106, 155-156
ゼロ代名詞(pro)　58, 95-96
先行詞　161-168
　短距離の〜　162
　長距離の〜　162
前置詞句(PP)　30
全文否定　75
総記の「が」　40
「そうする」書き換え　124-129, 137
尊敬の肩代わり　41-42

[た行]

対象格語　73
代名詞の「の」　93-94
多重主格構文　38-46, 55-56, 80, 94, 98
短距離かき混ぜ文　148-149
談話　150-157
知覚動詞補文　91
中立叙述の「が」　40
長距離かき混ぜ文　148-149
直接受動文　114
直感的把握　60
提示機能　55, 58, 94, 96
「ている」
　〜結果持続　108
　〜動作持続　108
統語的複合動詞　128-129
動詞句(VP)　4
動詞句内かき混ぜ文　148, 151
動詞句副詞　14, 16, 18-19, 52
動詞由来複合語　102-111
到着点を示す「に」　26-27, 139
動名詞(verbal noun)　105

[な行]

内在節　89
ナ形容詞　51
二重目的語構文　9, 136-144
認識動詞　50
認識動詞構文　50-61, 80, 94, 98

[は行]

「は」 33
はた迷惑 120-121
非対格性仮説 110
非対格動詞 109-110
非能格動詞 109, 111
付加構造 44, 148-149
複合述部 45-46
複合動詞 124-133
副詞 14-20
部分否定 75
普遍数量詞 64, 67
文 (S) 4
文副詞 14-15, 17, 19-21
分裂文 131-132
 (〜の)焦点 131-133
編入 102-107, 109-111

[ま行]

名詞化辞の「の」 93-94
名詞句 (NP) 3
目的語尊敬形 41
持ち主の受身 114
与格主語構文 71, 143
与格所有者 142-144
ラベル付き括弧表示 4
レキシコン 128

[英語]

Aboutness 45-46, 55-56, 80
NP/VP/S 3-4
V バー (V′) 8

三原　健一（みはら　けんいち）

　1950年宮崎県生まれ。大阪外国語大学外国語学部イスパニア語学科卒業，同大学院英語学専攻修士課程修了。2005年，東北大学から博士（文学）取得。富山大学，大阪外国語大学を経て，現在，大阪大学大学院教授（言語文化研究科・外国語学部）。

　単著書に，『時制解釈と統語現象』（1992年，くろしお出版），『日本語の統語構造』（1994年，松柏社），『生成文法と比較統語論』（1998年，くろしお出版），『アスペクト解釈と統語現象』（2004年，松柏社，2005年度市河賞），共著書に，『ヴォイスとアスペクト』（1997年，研究社，鷲尾龍一氏との共著），『新日本語の統語構造』（2006年，松柏社，平岩健氏との共著）などがある。

構造から見る日本語文法　　〈開拓社 言語・文化選書6〉

2008年 6月28日	第1版第1刷発行
2014年 3月28日	第2刷発行

著作者	三原 健一
発行者	武村 哲司
印刷所	日之出印刷株式会社

発行所　株式会社　開拓社	〒113-0023 東京都文京区向丘1-5-2 電話　（03）5842-8900（代表） 振替　00160-8-39587 http://www.kaitakusha.co.jp

Ⓒ 2008 Ken-ichi Mihara　　　　　　　　　ISBN978-4-7589-2506-8　C1381

JCOPY ＜(社)出版者著作権管理機構　委託出版物＞

本書の無断複写は著作権法上での例外を除き禁じられています。複写される場合は，そのつど事前に，(社)出版者著作権管理機構（電話 03-3513-6969, FAX 03-3513-6979, e-mail: info@jcopy.or.jp）の許諾を受けてください。